近畿圏版④ 使いやすい!教えやすい!家庭学習に最適の問題集!

城星学園小学校

2020 ～ 2021 年度過去問題を掲載

帝塚山学院小学校

2020 ～ 2021 年度過去問題を掲載

過去問題集

<問題集の効果的な使い方>

①お子さまの学習を始める前に、まずは保護者の方が「入試問題」の傾向や難しさを確認・把握します。その際、すべての「学習のポイント」にも目を通しましょう。
②入試に必要なさまざまな分野学習を先に行い、基礎学力を養ってください。
③学力の定着したら「過去問題」にチャレンジ!
④お子さまの得意・苦手が分かったら、さらに分野学習をすすめレベルアップを図りましょう!

合格のための問題集

城星学園小学校

記憶	お話の記憶問題集 中級編・上級編
記憶	Jr・ウォッチャー20「見る記憶・聴く記憶」
図形	Jr・ウォッチャー35「重ね図形」
数量	Jr・ウォッチャー40「数を分ける」
巧緻性	Jr・ウォッチャー25「生活巧緻性」

帝塚山学院小学校

数量	Jr・ウォッチャー40「数を分ける」
言語	Jr・ウォッチャー17「言葉の音遊び」
図形	Jr・ウォッチャー4「同図形探し」
図形	Jr・ウォッチャー45「図形分割」
記憶	お話の記憶問題集 中級編・上級編

●資料提供●

くま教育センター

ISBN978-4-7761-5381-8

C6037 ¥2300E

9784776153818

定価 2,530 円
(本体 2,300 円+税 10%)

1926037023005

日本学習図書 ニチガク

こんなこと…ありませんか？

「ニチガクの問題集…買ったはいいけど、、、
この問題の教え方がわからない（汗）」

メールでお悩み解決します！

- ☆ ホームページ内の専用フォームで必要事項を入力！
- ☆ 教え方に困っているニチガクの問題を教えてください！
- ☆ 確認終了後、具体的な指導方法をメールでご返信！
- ☆ 全国どこでも！スマホでも！ぜひご活用ください！

<質問回答例>

推理分野の学習では、後の学習に活きる思考力を養うことができます。ご家庭で指導する場合にも、テクニックにたよらず、保護者の方が先に基本的な考え方を理解した上で、お子さまによく考えさせることを大切にして指導してください。

Q.「お子さまによく考えさせることを大切にして指導してください」と学習のポイントにありますが、考える習慣をつけさせるためには、具体的にどのようにしたらいいですか？

A.お子さまが考える時間を持てるように、質問の仕方と、タイミングに工夫をしてみてください。
たとえば、「答えはあっているけど、どうやってその答えを見つけたの」「答えは○○なんだけど、どうしてだと思う？」という感じです。はじめのうちは、「必ず30秒考えてから手を動かす」などのルールを決める方法もおすすめです。

まずは、ホームページへアクセスしてください!!

http://www.nichigaku.jp　日本学習図書　検索

家庭学習ガイド
城星学園小学校

入試情報

応募者数：男女 239 名
出題形態：ペーパー
面　　接：保護者・志願者
出題領域：ペーパー（記憶・数量・図形・常識・言語 など）、行動観察、運動

入試対策

2021年度の入試は、感染症対策をしながら午前にペーパーテスト、午後に行動観察・巧緻性・運動という例年通りの形で行われました。ペーパーテストは、記憶、数量、図形、常識、言語という、昨年とほぼ同じ分野からの出題です。当校らしいユニークな出題はあまりなく、基礎問題中心の出題で、対策はあまり必要のない形でした。これも充分な学習がしにくかった志願者への配慮でしょう。いずれにしても出題分野は広いので、幅広い分野を学習することを心がけてください。午後の行動観察や運動も基本的には個人で行うものでした。これは今回のみのことかもしれないので、学力だけではなく、コミュニケーション能力が必要な試験であることに変わりはありません。

- 「常識」分野では理科的知識のほか、マナーや交通ルールに関する問題が出題されます。

- 行動観察では片付けをするという課題があります。おうちの人の手伝いをしているのか、といったような日常生活でのふるまいを観ているようです。よく出題されます。

「城星学園小学校」について

＜合格のためのアドバイス＞

かならず
読んでね。

多分野から出題されることが特徴のペーパーテストについては、幅広い学習が不可欠です。苦手分野を作らないように、間違った問題については、間違いや不注意の原因をその度に把握するようにしてください。本校の入試は、指示の聞き取りが重要です。すでに理解している問題でも、出題形式の違いや言葉の言い回しで、難しく感じる場合があります。さまざまな分野の問題を通して、指示を理解しているかどうかを見きわめましょう。

「行動観察」では、グループ内での協調性と、自分のことを自分でする自立心が観られているようです。４～５人で行う課題と１対１で行う課題があることから、それぞれの状況の中で受験者がどのように動くのか観られています。

運動の課題では、サーキット運動やボールなどの基本的なものです。これは運動の出来の良し悪しを観ているのではなく、取り組む姿勢やどのように振る舞うかを観ています。他人のことを尊重する姿勢や、ルールが守れるかなどが観点ですから、競技だからといって熱が入りすぎて、指示や決まりごとをないがしろにすることのないように気をつけてください。

面接試験は、例年同様、志願者と保護者（どちらか１名でもよい）を対象に試験日前に行われました。保護者には、学校のこと、子どものこと、宗教について質問がありました。また、試験日前に行われた説明会についての質問もあったようですので、必ず参加するようにしてください。

本校は、面接を大切にしています。面接中の親子のやりとりなどでふだんのお子さまと保護者の方の素顔をみているようです。ご家庭での話し合いを多く持ち、何を聞かれても明るく元気に、礼儀正しく対応できるようにしておきましょう。

〈2021年度選考〉

◆面接（考査日前に実施）
◆ペーパーテスト：お話の記憶、見る記憶、数量、図形、常識、言語
◆運動：ひもくぐり
◆行動観察：箸使いなど

◇過去の応募状況

2021年度	男女239名
2020年度	男女192名
2019年度	男女200名

入試のチェックポイント

◇受験番号は…「願書提出順」
◇生まれ月の考慮…「なし」

〈本書掲載分以外の過去問題〉

◆記憶：見本の哺乳類についての説明を聞き、後の質問に答える。[2015年度]
◆図形：見本の形を作るには何枚のパズルのピースが必要か。[2015年度]
◆常識：見本のものが成長するとどんな姿になるか。[2014年度]
◆言語：見本のものに含まれる音を探す。[2014年度]
◆推理：水の入ったコップにものを入れると、水位はどう変わるか。[2014年度]
◆巧緻性：見本を見て、同じマスに印を書き入れる。[2013年度]

家庭学習ガイド
帝塚山学院小学校

ペーパー　個別テスト　行動観察　口頭試問　保護者面接

入試情報

応募者数：男女 146 名
出題形態：ペーパー、個別テスト
面　　接：保護者
出題領域：ペーパー（お話の記憶、図形、数量、言語、常識など）
個別テスト（口頭試問・指示行動・運動）、行動観察、食事テスト

入試対策

入学試験はペーパーテスト→個別テスト（口頭試問・指示行動・運動）→行動観察→食事テスト（給食）という流れで行われました。当校入試は、「お話の記憶」「図形」「数量」「言語」「常識」などの幅広い分野から出題されています。「図形」「数量」の分野では、さまざまな内容が年度ごとに入れ替わって出題されているので、直近の問題だけではなく２年分以上の問題を必ず解いてください。ほかの分野で言えば「言語」「常識」なども頻出ですが、いずれも日常生活で得る知識を問うものです。暮らしで得る知識も大切にしてください。「行動観察」は、当校入試ならではの「食事（集団で摂る給食）」も行われていますが、昨年度は感染症対策としておもちゃの食べ物を使用して行われています。

- ●「お話の記憶」は毎年出題されています。本の読み聞かせは、親子間のコミュニケーションが取れることはもちろん、「記憶力」「想像力」「思考力」を養うことができ、すべての学習の下地づくりになります。

- ●ここ数年を見ると「図形」に関しては、「積み木」「合成」「点図形」「同図形」「重ね図形」を中心に出題されています。「数量」では「聞き取り」「足りない数」「数の差」「サイコロ等の見えない数」「マス目の移動」が出題されています。

「帝塚山学院小学校」について

＜合格のためのアドバイス＞

当校は「力の教育」を建学の精神として設立され、「意志の力、情の力、知の力、躯幹の力」を身に付けた、力のある全人教育を行っています。「コミュニケーション力のある子ども」「深く思考する子ども」「自ら動ける子ども」「創造できる子ども」の育成を目指す「探究型」教育を早くから取り入れるなど、常に新しいことに挑戦する校風で人気があります。系列の帝塚山学院中学・高校に、関西学院大学へ内部進学可能なコースが設置され、さらに注目が集まっています。

2021年度の入学試験は、ペーパーテスト、個別テスト、行動観察、食事テスト、保護者面接、保護者アンケートなどが長時間にわたって実施されました。感染症対策は行われたていたものの、例年通りといえるでしょう。試験全体から志願者、家庭の両方を評価するものになっています。

ペーパーテストでは、「お話の記憶」、「図形」では同図形、図形の構成、「数量」は選んで数える問題が出題されました。その他「言語」の言葉の音（おん）、「常識」など幅広い分野から出題されています。お子さまの得意、不得意分野を見きわめ、学習計画を立て、しっかりと基礎から学習を重ねることが大切です。また、机の上での学習のみならず、普段の遊び、お手伝いや会話などをうまく使って、楽しみながら学ぶことも成果につながります。

行動観察では自由遊び、指示行動での課題があります。指示行動では口頭試問も同時に実施されたようです。試験に取り組むお子さまの姿を通して、基本的なしつけ、生活習慣、社会性、道徳観が観られるため、日常生活や親子関係から、しっかりとそれらを身に付けさせておくことが大切です。

例年出題されている「食事のテスト」では例年実際の食事（本年度はおもちゃで代用）が出されます。保護者の方は、試験対策として特別なことをするのではなく、ふだんの食事のマナーについて教えてあげてください。常識分野の問題の１つとして、お子さまの日常生活における規範を高めるという意識で指導すれば問題ありません。

〈2021年度選考〉

＜面接日＞

◆アンケート（保護者面接時に提出）
◆保護者面接

＜考査日＞

◆ペーパーテスト
◆個別テスト（口答試問・指示行動・運動）
◆行動観察
◆食事テスト

◇過去の応募状況

年度	人数
2021年度	男女 146名
2020年度	男女 169名
2019年度	男女 128名

入試のチェックポイント

◇受験番号は…「ランダムに決める」
◇生まれ月の考慮…「なし」

先輩ママたちの声！

◆実際に受験をされた方からのアドバイスです。
ぜひ参考にしてください。

城星学園小学校

・ペーパーテストの中で鉛筆の持ち方をチェックされたようです。正しい姿勢や持ち方を心がけ、いろいろな筆記用具に慣れておいた方がいいと思います。

・試験は、ペーパーテストの点数だけでなく、試験に臨む態度をとてもよく観られている印象を受けました。

・面接は和やかな雰囲気で行われました。早く終わる組もあれば長くかかった組もありましたが、面接時間の長さと合否はあまり関係がないように感じました。

帝塚山学院小学校

・説明会では、入学試験についての詳しい説明がありました。ぜひ参加されることをおすすめします。

・今年の試験ではおもちゃの食べ物を使用して食事テストがおこなわれました。マナーだけでなく、その場で出される指示に気を付ける必要があります。

・個別テストでは、運動があるので、動きやすい服装がいいと思います。

城星学園小学校
帝塚山学院小学校
過去問題集

〈はじめに〉

現在、少子化が叫ばれているにもかかわらず、私立・国立小学校の入学試験には一定の応募者があります。入試は、ただやみくもに学習するだけでは成果を得ることはできません。志望校の過去における出題傾向を研究・把握した上で、練習を進めていくこと、その上で試験までに志願者の不得意分野を克服していくことが必須条件です。そこで、本問題集は小学校を受験される方々に、志望校の出題傾向をより詳しく知って頂くために、過去に遡り出題頻度の高い問題を結集いたしました。最新のデータを含む精選された過去問題集で実力をお付けください。

また、志望校の選択には弊社発行の**「2022年度版 近畿圏・愛知県 国立・私立小学校 進学のてびき」**をぜひ参考になさってください。

〈本書ご使用方法〉

◆出題者は出題前に一度問題を通読し、出題内容などを把握した上で、**〈準備〉**の欄に表記してあるものを用意してから始めてください。
◆お子さまに絵の頁を渡し、出題者が問題文を読む形式で出題してください。問題を読んだ後で、絵の頁を渡す問題もありますのでご注意ください。
◆**「分野」**は、問題の分野を表しています。弊社の問題集の分野に対応していますので、復習の際の目安にお役立てください。
◆一部の描画や工作、常識等の問題については、解答が省略されているものがあります。お子さまの答えが成り立つか、出題者が各自でご判断ください。
◆**〈時間〉**につきましては、目安とお考えください。
◆解答右端の［〇年度］は、問題の出題年度です。［2021年度］は、「2020年の秋から冬にかけて行われた2021年度入学志望者向けの考査で出題された問題」という意味です。
◆学習のポイントは、指導の際にご参考にしてください。
◆【おすすめ問題集】は各問題の基礎力養成や実力アップにご使用ください。

〈本書ご使用にあたっての注意点〉

◆文中に**この問題の絵は縦に使用してください。**と記載してある問題の絵は縦にしてお使いください。
◆〈準備〉の欄で、色鉛筆と表記してある場合は12色程度のものを、画用紙と表記してある場合は白い画用紙をご用意ください。
◆文中に**この問題の絵はありません。**と記載してある問題には絵の頁がありませんので、ご注意ください。なお、問題の絵の右上にある番号が連番でなくても、中央下の頁番号が連番の場合は落丁ではありません。
下記一覧表の●が付いている問題は絵がありません。

問題1	問題2	問題3	問題4	問題5	問題6	問題7	問題8	問題9	問題10
								●	●
問題11	問題12	問題13	問題14	問題15	問題16	問題17	問題18	問題19	問題20
問題21	問題22	問題23	問題24	問題25	問題26	問題27	問題28	問題29	問題30
									●
問題31	問題32	問題33	問題34	問題35	問題36	問題37	問題38	問題39	問題40
●							●		●
問題41									
●									

◎学習効果を上げるため、前掲の「家庭学習ガイド」及び「合格のためのアドバイス」をお読みになり、各校が実施する入試の出題傾向を、良く把握した上で問題に取り組んでください。
※冒頭の「本書ご使用方法」「ご使用にあたっての注意点」も併せてご覧ください。

〈城星学園小学校〉

2021年度の最新問題

問題1　分野：お話の記憶

〈準備〉　鉛筆

〈問題〉　お話を聞いて、後の質問に答えてください。

この世界の始まりのお話です。神様は1日目に光を作りました。２日目に空を作りました。３日目に大地を作ると、海ができ、大地には草花が生えはじめました。４日目に太陽と月と星を作りました。５日目に水の中の生きものと鳥が作られました。６日目に地上の生きものが作られ、最後に人間が作られました。人間は神様に似せて作られており、思い切り息が吸えるように鼻が最初に作られました。はじめての人は「アダムとイブ」です。神様は２人をエデンの園に住まわせ、「知恵の木の実だけは食べていけない」と言いましたが、ヘビに「美味しい木の実がある」と言われて、その木の実を食べてしまいました。知恵がついた２人は自分が裸であることに気が付いて恥ずかしくなり、神様が現れると木の陰に体を隠してしました。その様子を見ていた神様は２人が約束を破ったことに気付き、２人をエデンの園から追放してしまいました。

①神様が最後に作ったものはなんですか。○をつけてください。
②「知恵の木の実」を食べるように言ったのはどの動物ですか。○をつけてください。
③神様は人間のどこを最初に作りましたか。○をつけてください。

〈時間〉　各10秒

問題2　分野：推理

〈準備〉　鉛筆

〈問題〉　**この問題の絵は縦に使用してください。**
①この中で１番長いひもを選んでその右に描いてあるチューリップの絵に○をつけ、この中で１番短いひもを選んでその右に描いてあるチョウチョの絵に○をつけてください。
②この中で両端を引っ張ると結び目ができるひもはどれですか。○をつけてください。

〈時間〉　各１分

問題3　分野：言語（しりとり）

〈準備〉　鉛筆

〈問題〉　描いてある絵をしりとりでつなげます。○で囲んである絵でしりとりを終わるには、どの絵からしりとりを始めればよいですか。選んで○をつけてください。

問題4　分野：図形（図形の構成）

〈準備〉　鉛筆

〈問題〉　左の四角に描いてある形を作る時、使わないものを右の四角から選んで○をつけてください。

〈時間〉　各15秒

問題5　分野：常識（季節）

〈準備〉　鉛筆

〈問題〉　左の四角に描いてある同じ季節の絵を右の四角から選んで○をつけてください。

〈時間〉　各20秒

問題6　分野：記憶（見る記憶）

〈準備〉　鉛筆

〈問題〉　（問題６－１の絵を見せる）この絵をよく見て覚えてください。
（15秒後、問題６－１の絵を伏せて、問題６－２の絵を渡す）
動物たちとその前にあったボールを線で結んでください。

〈時間〉　記憶：15秒　解答：30秒

問題7　分野：制作（課題画）

〈準備〉　色鉛筆（12色）

〈問題〉　森の中に、動物たちが寄ってくる果物の木があります。
①木に実っているくだもの３種類描いてください。
②木の周りに集まってきた動物を３種類描いてください。
③描き終わったら、周りに花や草を描いてください。

〈時間〉　10分

問題8　分野：巧緻性

〈準備〉　おはじき（青・赤・緑の３色・各30個程度）、箸、コップ（青・赤・緑の３色・各１個）
※あらかじめ、問題８の絵を参考にしてビーズを並べておく

〈問題〉　**この問題は絵を参考にしてください。**
並べてあるおはじきをそれぞれの色のコップにお箸でつまんで入れてください。赤は15個、青は10個、黄色も10個入れましょう。

〈時間〉　５分

問題9　分野：運動

〈準備〉　机（２台）、ビニールテープ（間隔の空いた２つの机を結ぶ、５メートルほど）コーン（１本）、ボール（ドッジボールほど）

〈問題〉　**この問題の絵はありません。**
机と机の間にかけてあるひもにかからないようにくぐってコーンのある場所まで走ってください。コーンにタッチをしたら、ボールを的に向かって投げ、来たとおりに戻ってください。

問題10　分野：面接

〈準備〉　なし

〈問題〉　**この問題の絵はありません。**
質問例
【受験者】
・お名前と幼稚園の名前を教えてください。
・担任の先生の名前を教えてください。どんな先生ですか。
・担任の先生の好きなところ、素敵なところはどこですか。
・朝ごはん（昼ごはん）は何を食べましたか。誰と食べましたか。
・家からここまで、どのようにして来ましたか。何のお話をしましたか。
・お家から出られなかった（コロナの）時、何をしていましたか。
・お父さんのお仕事は何か知っていますか。
・お母さんに叱られる（褒められる）のはどんな時ですか。
・朝起きてからしたことを順番に教えてください。
・春の花（くだもの）の名前を３つ言ってください。
・電車の中でしてはいけないことは、どんなことですか。

【保護者の方へ】
・当校への志願理由を教えてください。
・お子さまの健康状態やアレルギーの有無について教えてください。
・宗教教育についてのお考えを聞かせてください。
・学校説明会や公開授業の感想を聞かせてください。
・お子さまのしつけで気を付けておられることは何ですか。
・お子さまの長所を伸ばすにはどのようすればよいと考えられていますか。
・ご家庭で受験のために勉強をどのようにされてきましたか。
・（幼児教室に通っている場合）教室の名前を教えてください。
・お子さまは幼児教室に通われて何か変わりましたか。
・いじめについて、どう思われますか。

〈時間〉　10分

☆城星学園小学校

問題1

問題2

①

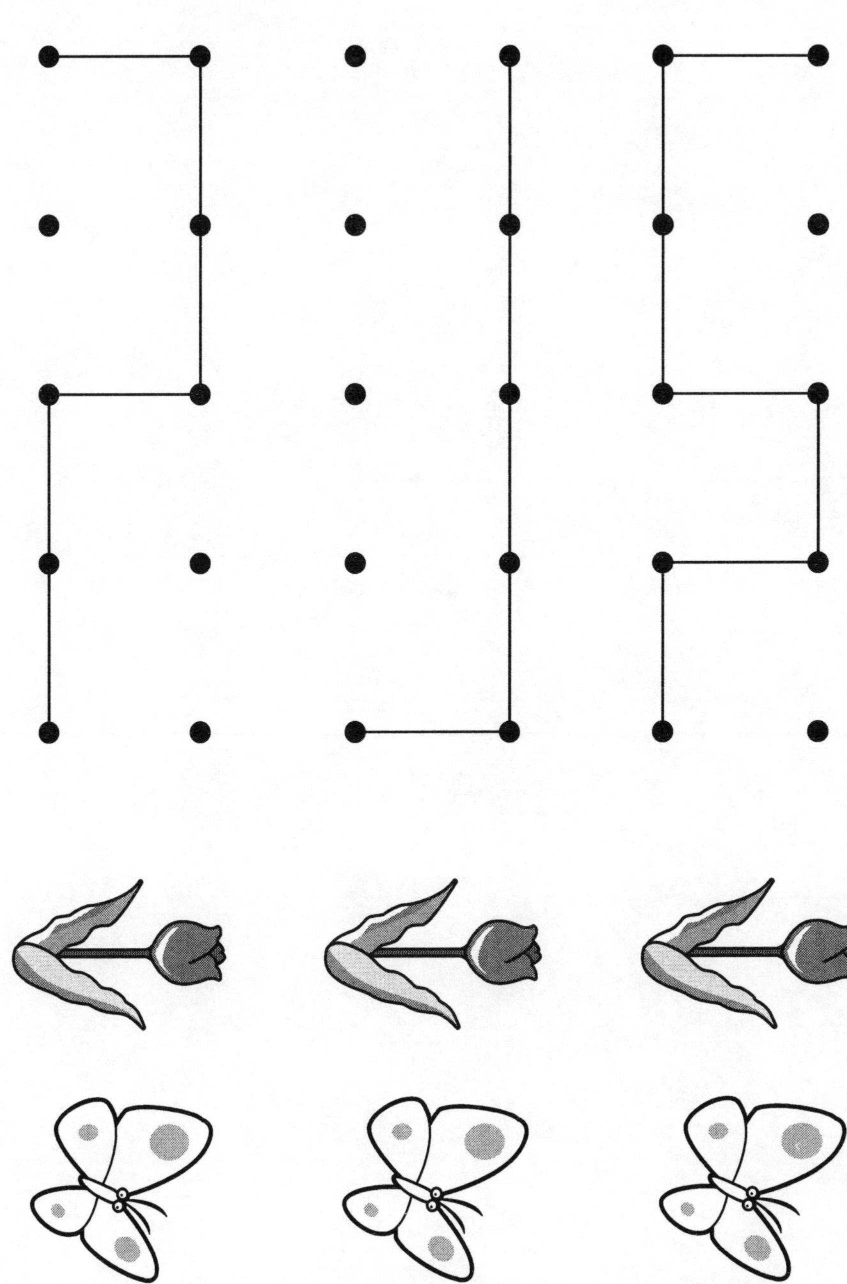

②

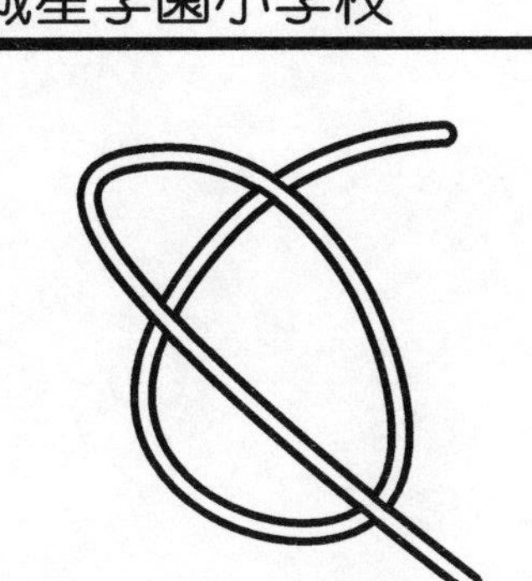

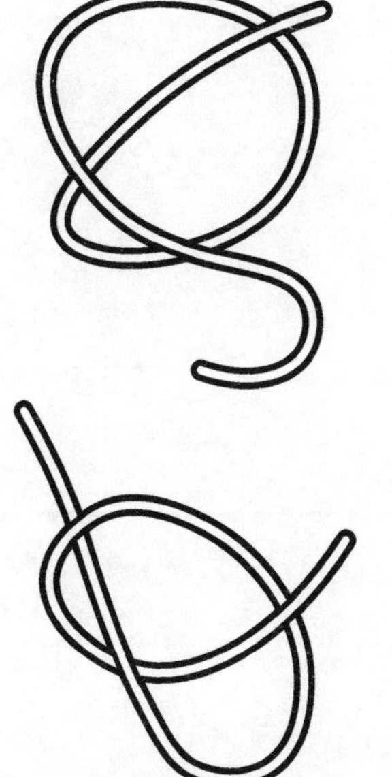

日本学習図書株式会社

問題3

問題 4

①

②

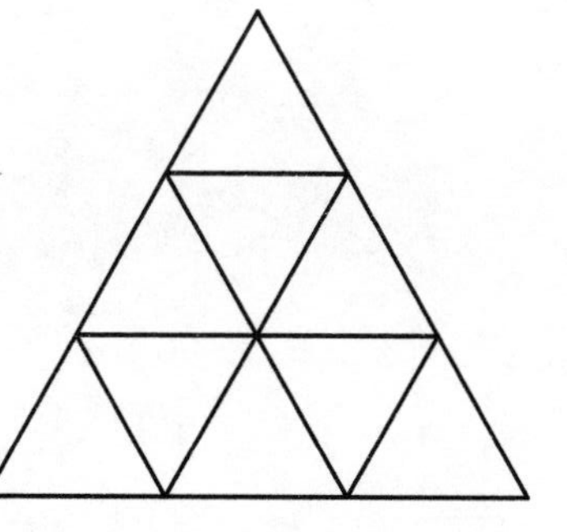

☆城星学園小学校

問題5

①

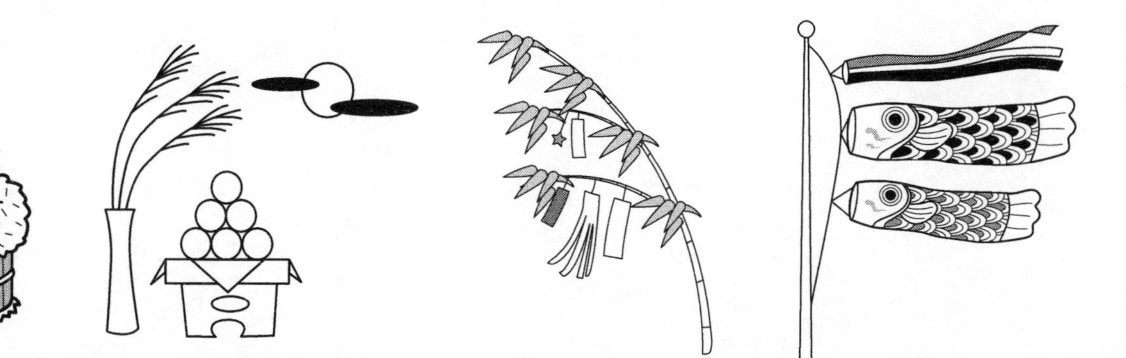

②

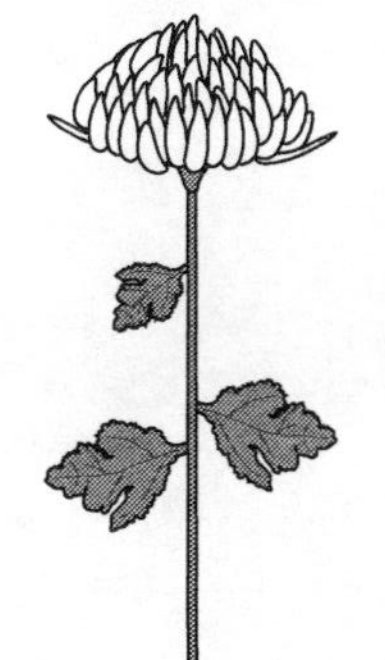

問題 6 − 1

問題6－2

日本学習図書株式会社

問題7

日本学習図書株式会社

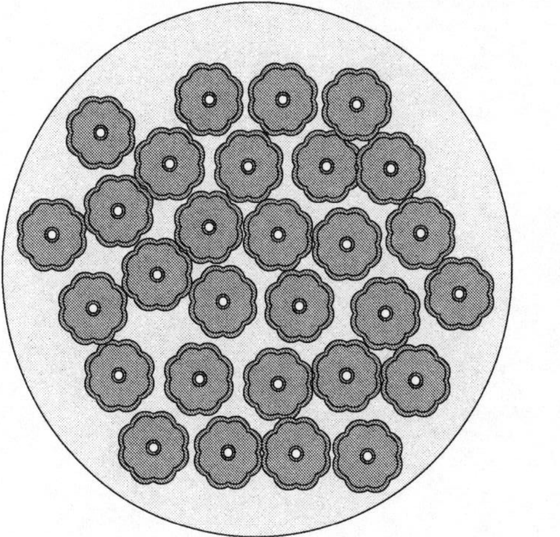

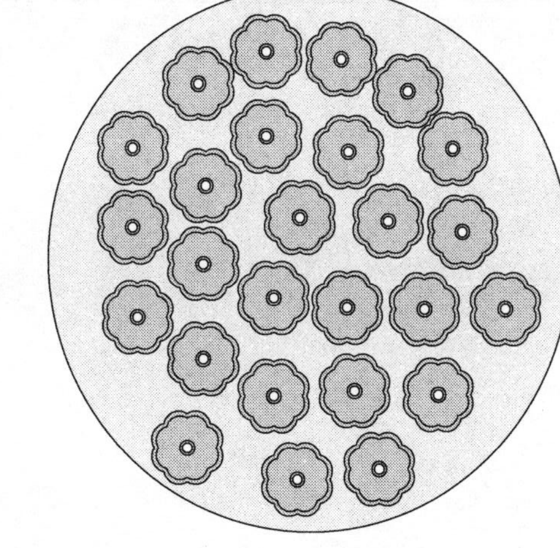

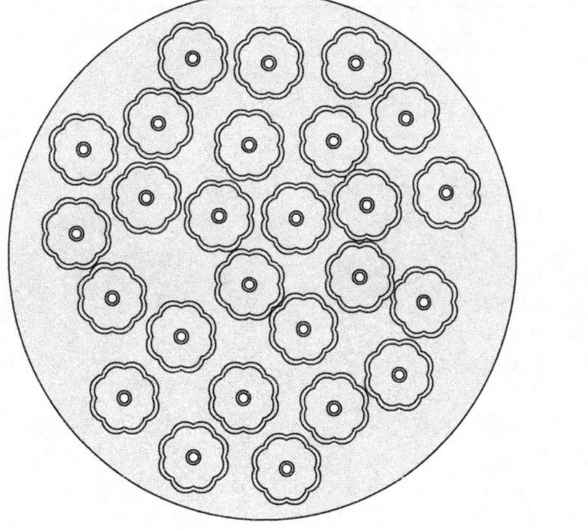

2021年度入試
解答例・学習アドバイス

解答例では、制作・巧緻性・行動観察・運動といった分野の問題の答えは省略されています。こうした問題では、各問のアドバイスを参照し、保護者の方がお子さまの答えを判断してください。

問題１　分野：お話の記憶

〈解 答〉　①右端（人間）　②左から２番目（ヘビ）　③右から２番目（鼻）

宗教的なお話が題材にされている珍しい「お話の記憶」です。とは言っても内容的に難しくはないので、覚えるだけなら苦労はしないでしょう。聞き慣れない言葉があったとしても、「お話の流れ」を押さえておけば、質問には答えられるはずです。このお話で言えば、神様がものを作った順番や美しい木の実を食べるように言った動物など、お話のキーになりそうなポイントを記憶しておきましょう。お子さまがお話のポイントが直感的にわからないとすれば、それはセンスの問題ではありません。単にお話を聞いた経験が少ないということです。対策は経験を積み重ねるしかないので、お話を聞く経験、つまり読み聞かせを毎日の習慣にするということになります。

【おすすめ問題集】

１話５分の読み聞かせお話集①・②、１話７分の読み聞かせお話集入試実践編①
お話の記憶 初級編・中級編・上級編、Ｊｒ・ウォッチャー19「お話の記憶」

問題2　分野：推理

〈解答〉　下図参照

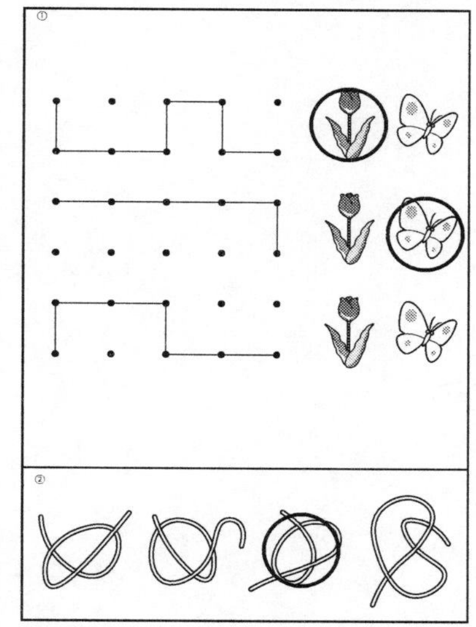

①は比較の問題ですが、解説は特に必要ないでしょう。・と・を結ぶ線の数をかぞえるまでもなく、直感で答えがわかりそうです。解答方法が少し複雑ですので、混乱しないようにしてください。逆に、知識や経験なしで「推理する」とすれば、②の方が難しいかもしれません。「ひもの両端を引っ張るとどうなるか」をイメージするのは、お子さまにとってはかなり難しいことだからです。ただし、もしわからないとしても気にする必要はありません。学校が知りたいのは思考力ではなく、こうした体験のあるなしですから、試験前までに経験を積めばよいのです。

【おすすめ問題集】

Ｊｒ・ウォッチャー20「見る記憶・聴く記憶」

問題3　分野：言語（しりとり）

〈解答〉　○：時計（しりとりは、とけい→イカ→カラス→すいとう→うちわ）

言語は当校の頻出分野です。それほど難しい問題は出ないので、基礎をしっかり学習しておきましょう。ここでは最後が「うちわ」で終わるしりとりということなので、「うちわ」から逆に言葉をたどって行けば自然と答えが出ます。もし解けないとすると、絵が何かわからない場合ぐらいでしょう。もちろん、出題方法には慣れておいた方がよいので、同じ分野の問題をある程度こなしておくことは必要ですが、あきるほど数多く解く必要はありません。年齢相応の語彙が身に付いている判断できるようならそれで充分です。

【おすすめ問題集】

Ｊｒ・ウォッチャー49「しりとり」、60「言葉の音（おん）」

問題4　分野：図形（図形の構成）

〈解 答〉　①○：右から２番目　②○：右端

見本の図形を作るのに、いらない形を選択肢から探す問題です。よくわからなければ、左端の形に右端の部品を違う色のペンで書き込んで見てください。すぐに答えがわかるはずです。実際の試験ではそんなことはできませんから、頭のなかで部品を移動させていきます。これはある程度学習しておかないとできません。図形分野の問題はよく「練習が必要」と言われますが、こうした問題をスムーズに解くには経験が必要だという意味なのです。経験を積んでも答えられない問題は、ほとんどのお子さまができない問題ですから、できないからと言って気にする必要はありません。それよりはこうした基礎的な問題を確実に答えるための経験を積んでいきましょう。

【おすすめ問題集】
Ｊｒ・ウォッチャー３「パズル」、54「図形の構成」

問題5　分野：常識（季節）

〈解 答〉　①左から２番目（月見）　②右端（アサガオ）

季節の問題は常識問題の中でもスタンダードな問題なので、基礎的なものは学習しておきましょう。最近は環境の変化で季節がズレているものもあります。食べ物の旬や花の開花時期などは特に注意が必要でしょう。また、家電などの生活用品も最近の住宅ではあまり使われていないものが出題されることがあるので、お子さまが目にしていないものがあれば、保護者の方が紹介しておいてください。なお、小学校受験では「春は３～５月、夏は６～８月、秋は９～11月、冬は12～２月」と決められているので、季節の行事などは気温・気候などに関係なくその季節の行事ということになります。

【おすすめ問題集】
Ｊｒ・ウォッチャー34「季節」

問題6　分野：記憶（見る記憶）

〈解答〉　下図参照

「見る記憶」の問題です。最初に絵を見る時間は15秒と短いので、記憶しようとするのではなく、観察してください。それほど複雑な絵ではないので、内容は把握できるはずです。その時、「キツネ・ラグビーボール・クマ…」と覚えるのではなく、「キツネの前にラグビーボールが置いてあって、クマの前に…」と覚えるのです。「関連付け」と言いますが、何かを記憶するには有効な方法の１つです。また、試験の場ではできませんが、声に出すと記憶しやすくなります。声を出すと自然とイメージすることになるので、いつの間にか記憶できるのです。

【おすすめ問題集】

Ｊｒ・ウォッチャー20「見る記憶・聴く記憶」

問題7　分野：制作（課題画）

グループでの行動観察ができたなかったせいか、当校ではあまり出題されない制作問題が出題されています。内容的にそれほど難しいものではなく、「木になる果物」「それを食べる動物」といった年齢相応の知識があれば問題なく描ける課題です。知識がなければ、常識分野の問題集などで補っておきましょう。ただし、すべての課題を描くとすれば時間は短めなのでその点には気を付けてください。絵そのものの出来についてはそれほど評価の対象にはなりませんが、課題をこなす能力は評価の対象になっているかもしれません。

【おすすめ問題集】

実践 ゆびさきトレーニング①②③、Ｊｒ・ウォッチャー24「絵画」

問題8　分野：巧緻性

生活巧緻性の課題です。毎年出題されている内容ですが、油断せずていねいに行ってください。指示内容は簡単ですが、日常ではまず行わないことですので、箸使いに不安があるようなら練習しておいてください。作業時間は年齢なりの経験があれば問題なく時間内に終われるように設定されています。毎年、動作や作業内容は少しずつ違いますが、この点は同じなので、落ち着いて取り組んで大丈夫です。緊張しすぎることがないようにしましょう。なお、20ぐらいまでの数は数えられるということ、おはじきを同じ色のコップに入れる、といった指示は守れて当然というスタンスで出題されています。

【おすすめ問題集】

実践ゆびさきトレーニング①②③、Ｊｒ・25「生活巧緻性」、29「行動観察」、30「生活習慣」

問題9　分野：運動

運動はコロナ感染に気を使った課題です。１度に運動をする人数を少なくし、できるだけ接触がないようになっています。運動の内容も例年よりは簡単になっていますから、できる・できないといったものではありません。前の問題でも言いましたが、こういった課題は①指示を理解して守っているか。②積極的かということが主な評価の対象です。運動能力が優れているとか、個性が際立っているとかいったことは意味がないとは言いませんが、それほど評価されないのです。お子さまが練習している様子をチェックするなら、そういった基準で評価してみてください。

【おすすめ問題集】

新 運動テスト問題集、Ｊｒ・ウォッチャー28「運動」

問題10　分野：面接（保護者面接）

面接の内容はほぼ昨年通りでしたが、コロナ関連の質問が加えられていました。面接と言うよりは年齢なりの常識を聞く質問が必ずありますから、ある程度は対策をしておきましょう。ほかには、家庭の教育方針、お子さまの得意科目、食べ物の好き嫌いなどが父親・母親、それぞれにふりわけて質問があります。どちらにどのような質問があるかはケースバイケースですが、通っていた幼児教室について質問などもありますから、事前にまとめておいてください。全体としては家庭の教育方針と当校の相性を測る面接と言えるでしょう。雰囲気は穏やかなのでリラックスして臨んでよい面接です。

【おすすめ図書】

新・小学校面接Ｑ＆Ａ、入試面接最強マニュアル

2020年度以前の問題

問題11　分野：お話の記憶

〈準　備〉　鉛筆

〈問　題〉　お話を聞いて、後の質問に答えてください。

今日はたろうくんのお誕生日です。お父さん、お母さんがいっしょにお祝いをしてくれます。テーブルの上にはお母さんが作ってくれたケーキやたろうくんの大好きなハンバーグ、フライドチキン、オレンジジュースが置いてあります。「うわ～、すごくおいしそうだな」とたろうくんは思いました。お母さんが「さっそくいただきましょう」といったので、手を合わせて、自分のお皿にたくさんの料理を載せました。「たろう、そんなにいっぱい食べられるのか？」とお父さんが言うので、「大丈夫だよ」と答えたその時、たろうくんの手がジュースにあたってしまい、少しこぼれたので、たろうくんが着ていた星柄のシャツが汚れてしまいました。お父さんが困った顔で「だから言っただろう」と言いました。たろうくんは悲しくなりました。「今日は誕生日だから悲しい顔しないの」とお母さんが言い、「はい」とたろうくんにプレゼントを渡しました。プレゼントの箱を開けると、ずっと欲しかったロボットのおもちゃが入っていました。「うわ～、ありがとう。実は僕からもお父さんとお母さんにプレゼントがあるんだ」まさか、たろうくんからプレゼントがあるとは思わなかったのでお父さんとお母さんは大変驚きました。お父さんには赤の折り紙で作ったリンゴ、青の折り紙で作った折り鶴、黄色の折り紙で作ったチューリップを、お母さんにはお父さんとお母さんが手をつないでいる絵をプレゼントしました。「たろう、ありがとう」お父さんとお母さんは大変喜びました。

①たろうくんが着ていた服はどれですか。○をつけてください。
②たろうくんが赤い折り紙で折ったものはどれですか。○をつけてください。
③たろうくんが描いた絵の人物で正しい組み合わせはどれですか。
　○をつけてください。

〈時　間〉　各10秒

〈解　答〉　①左端　②左から２番目　③右端

［2020年度出題］

学習のポイント

当校で出題されるお話の記憶の問題で出題されるお話は、いずれもシンプルなものが多いようです。小学校受験の記憶問題にありがちな、志願者を混乱させるようなストーリーでも、お話の登場人物が多いわけでもありません。質問もストーリーに沿ったものですから、「誰が」「何を」「どのように」といった話のポイントを押さえておけば、スムーズに答えられるでしょう。話のポイントを押さえるには、お話を丸暗記しようとするのではなく、お話の場面をイメージするとうまくいくようです。「たろうくんがお父さんに赤・黄・青の折り紙で作ったものをプレゼントした」という文章を覚えようとするのではなく、その場面を頭に思い浮かべるのです。読み聞かせの時に目を閉じて「お話を聞きながらイメージする」練習をしてみてください。慣れるにしたがって記憶できる情報量が増えていくはずです。

【おすすめ問題集】
1話5分の読み聞かせお話集①②、お話の記憶 初級編・中級編・上級編、
Ｊｒ・ウォッチャー19「お話の記憶」

問題12　分野：数量（数を分ける）

〈準 備〉　鉛筆

〈問 題〉　左の四角を見てください。この見本と同じ数のお花を束ねる時、あまりがない花の数に○をつけてください。

〈時 間〉　１分30秒

〈解 答〉　①真ん中　②右端　③左端

［2020年度出題］

「数を分ける」、分配の問題です。小学校では数字を使って考えますが、小学校入試では数字が使えないので花そのもののイラストを使って考えます。例えばチューリップが７本ということなら、７本のチューリップを描くわけです。ひと目見て、７本あるとわかるお子さまはよいですが、いちいち数えないといくつあるのかわからないお子さまは大変です。何度も数え直すことになります。さて、この問題では小学校受験では本来出てこないはずの「あまり」という言葉を使っています。その是非はともかくとして、「あまり」の意味がわからないと答えられません。もしお子さまがここでつまずいたならおはじきなどの具体物を使って説明してください。花があるようでしたら問題の通りに花束を作ってもよいでしょう。これから先、同様の出題があるとは思えないので、言葉の意味がわかったらそれでよしとしていいでしょう。

【おすすめ問題集】

Ｊｒ・ウォッチャー14「数える」、40「数を分ける」、41「数の構成」

問題13　分野：推理（比較）

〈準 備〉　鉛筆

〈問 題〉　さまざまなものをシーソーに載せて、重さ比べをしました。
この中で２番目に重いものを選んで、右の四角の中に○をつけてください。

〈時 間〉　各１分

〈解 答〉　①ブドウ　②イヌ

［2020年度出題］

学習のポイント

シーソーを使った比較の問題は、当校でもよく出題される分野の１つです。一般的な解き方としては、①それぞれの重さの順位付けをして、②設問にあった解答を選ぶ、ということになります。本問は「２番目に重たいもの」を聞いています。例えば問題①では、５つのシーソーが並んでいます。３つ以上の比較の場合、下に傾いているのがひとつもないものは、１番軽く、逆に上に上がっているものが１つもないものが１番重いというきまりがあります。このきまりから１つひとつのシーソーを見ていくと、１度も上に上がっていないのはリンゴなので、１番重いということがわかります。ブドウはリンゴと比較したシーソー以外は下にあるので、ここで２番目に重いのはブドウということがわかります。ただし、これはあくまで考えるためのポイントであり、全体を比較せずに、ハウツーだけを身に付けても意味はありません。それぞれの重さをしっかりと比べ、順位付けすることを定着させましょう。

【おすすめ問題集】

Ｊｒ・ウォッチャー33「シーソー」

問題14　分野：言語（しりとり）

〈準 備〉　鉛筆

〈問 題〉　**この問題の絵は縦に使用してください。**
上の四角を見てください。「どんぐり」からしりとりをはじめます。
しりとりがつながるように○をつけてください。
次の矢印の四角の中でも繰り返してください。

〈時 間〉　20秒

〈解 答〉　リス→スイカ→カモメ

［2020年度出題］

学習のポイント

しりとりの問題です。ルールが簡単なしりとりは、言葉を覚えるだけでなく、「～の音で終わる言葉」という形で言葉の音を意識できる、効率のよい学習です。ほかにも同頭音探し（名前の最初が同じ音で始まる言葉）や同尾音探し（語尾が同じ音で終わる言葉）といった言葉遊びがありますから、お子さまの語彙を考えながら、必要に応じて取り入れるようにしてください。さて、この問題は始まる言葉も指示され、選択肢も４つしかないので、かなりわかりやすいしりとりなので、スマートな解き方というものは特にありません。言葉を１つずつあてはめていくということになります。イラストが何を表しているかがわからなければ別ですが、確実に正解したい問題とも言えます。落ち着いて答えましょう。

【おすすめ問題集】

Ｊｒ・ウォッチャー12「日常生活」、17「言葉の音遊び」、
18「いろいろな言葉」、49「しりとり」、60「言葉の音（おん）」

問題15　分野：図形（重ね図形）

〈準 備〉　鉛筆

〈問 題〉　左の四角を見てください。矢印の方向に点線を折って重ねた場合、正しいものはどれですか。○をつけてください。

〈時 間〉　各15秒

〈解 答〉　①右から２番目　②左端　③左から２番目

［2020年度出題］

学習のポイント

当校では、例年図形分野の問題が出題されますが、その内容は毎年違います。図形分野の対策学習は幅広く行った方がよいでしょう。今回は重ね図形の問題ですが、２枚の図形を正位置で重ねるのではなく、点線に沿って折り重ねる、いわゆる対称を伴った複合の図形問題です。矢印の方向に重ねた正方形は重なると左右が対称になります。といったことがわかっていればよいのですが、おそらくお子さまは感覚的にしか理解していません。お子さまがピンときていないようなら、実際に、クリアファイルに問題と同じ図形を描いて切り取ってそれを折って見る経験をしてみましょう。説明するよりもお子さまも納得しやすいはずです。

【おすすめ問題集】
　Ｊｒ・ウォッチャー35「重ね図形」

問題16　分野：常識

〈準 備〉　鉛筆

〈問 題〉　①上の段を見てください。土の中にできるものはどれですか。
　○をつけてください。
②真ん中の段を見てください。描かれている行事の中で、１年の最後に行われる行事は何ですか。○をつけてください。
③下の段を見てください。この中で、成虫はどれですか。○をつけてください。

〈時 間〉　各20秒

〈解 答〉　①左端　②右から２番目　③左から２番目

［2020年度出題］

学習のポイント

常識の問題です。内容的には難しくありませんが、設問が少し変わっています。①では「土の中にできるもの」②では「１年の最後に行われる行事」③では「成虫」という言葉を使っています。言葉の意味がわからなかったお子さまもいるでしょうから、小学校入試で使うのはどうかと思いますが、それはともかくとして、なぜこのような聞き方をしているかと言えば、いわゆるお勉強で得た知識ではなく、経験から得た知識のあるなしを評価したいからでしょう。ニンジンの食べられる部分がどこになるかを見たことがあり、年末にはどんな行事が行われたかを覚えていてほしい、ということです。だからと言って、出題されそうなことをすべて経験するのは無理ですから、できる範囲での経験を積み重ねながら、メディアなども活用して知識を増やしていきましょう。

【おすすめ問題集】

Ｊｒ・ウォッチャー12「日常生活」、27「理科」、34「季節」、55「理科②」

問題17　分野：記憶（見る記憶）

〈準備〉　鉛筆

〈問題〉　（問題17-１の絵を見せる）この絵をよく見て覚えてください。
（15秒後、問題17-１の絵を伏せて、問題17-２の絵を渡す）
今見た絵の中で、描いてあったものに○をつけてください。

〈時間〉　記憶：15秒　解答：30秒

〈解答〉　下記参照

［2020年度出題］

学習のポイント

いわゆる「見る記憶」の問題です。最初に絵を見る時間は15秒と短いので、その時間内に絵全体を覚えようとすると必ずミスをします。覚えきれない場合はまだよいのですが、勘違いをしてしまうと、堂々と誤った解答をすることになります。そんなことにならないようにただ見るのではなく、「観察」しましょう。観察の基本は「全体から細部」です。この問題なら、まず「11個のものがランダムに置かれている」と全体を把握します。次に「左上からタマネギ、水筒、滑り台…」と個々に記憶していくのです。慣れてくれば、「大きなタマネギ」「水色の水筒」といった要領で個々の特徴も覚えられるようになってきます。まれに、写真のように見た光景を記憶できるお子さまがいますが、持って生まれた才能です。真似して身に付くものではありませんので、それを目指す指導はしないことをおすすめします。

【おすすめ問題集】

Ｊｒ・ウォッチャー20「見る記憶・聴く記憶」

問題18　分野：行動観察

〈準備〉　ビニールテープ（スタートとゴールの線をつくる、20メートルほど）
コーン（スタートとゴールの線の間に置く）、ボール（ドッジボールほど）
箱（ゴールに置く）

〈問題〉　**この問題は絵を参考にしてください。**
①ほかのお友だちと２人１組になります。スタートの線に立ってください。
②ボールをほかのお友だちとおなかで挟みます。スタートの線を越えなければ、手を使ってもかまいません。
③真ん中にあるコーンを一周して、ゴールへ向かってください。

〈時間〉　３分

〈解答〉　省略

［2020年度出題］

学習のポイント

この課題のように運動を伴った行動観察は、４～５人で行われることが多いのですが、ここでは２人で行います。２人の場合は１人ひとりの役割が大きいので、手を抜いたり、油断することができません。さらに協調性が必要になります。「手を使わずにおなかでボールを挟んでいっしょに歩く」という動作は言わずもがなでしょう。はじめて会うほかの志願者とうまく行動できるのか、という不安があるとは思いますが、それは志願者全員が感じていることです。コミュニケーションをとりながら積極的に行動し、強引にならなければそれほど悪い評価はされません。あまり心配しすぎないことです。お子さまには「指示をよく聞き、その通りに実行しなさい」とだけアドバイスをしておきましょう。

【おすすめ問題集】

Ｊｒ・ウォッチャー28「運動」、29「行動観察」、新運動テスト問題集

問題19　分野：巧緻性・行動観察

〈準　備〉　①クリアファイル、動物の描いてある絵（５枚）
②鉛筆、鉛筆削り、ティッシュ（１枚）、ゴミ箱
③ひも（３本）　④☆、◇が描いてある絵（２枚ずつ）
※ゴミ箱はあらかじめ机の横に置いておく。

〈問　題〉　**この問題は絵を参考にしてください。**
※机の上に片面に絵の描いてある紙を５枚、ランダムに置いておく（白紙を表にしたものも混ぜる）。
①絵が描いてある方が表です。５枚すべてを表にしてクリアファイルにしまってください。
（鉛筆、鉛筆削り、ティッシュを渡す）
②今、渡された鉛筆を削ってください。削る時は、ティッシュの上で行ってください。削り終わったら、ゴミを包んで、ゴミ箱へ捨ててください。
（ひも３本を渡す）
③１本で輪を作り、あとの２本は結んでください。
（プリント２枚を渡す）
④絵柄同士を合わし、半分に折ってください。そして、もう半分を折ってください。

〈時　間〉　①～④１分

〈解　答〉　省略

［2020年度出題］

学習のポイント

生活巧緻性の課題です。作業内容はさまざまですが、一度練習しておけばできる程度のものでしょう。こういった課題は、わざわざ対策しなければならないものではありません。日常生活でひもを結ぶ、整理整頓するといった作業の機会を逃さず、お子さまに与えることで充分対応できる内容です。言い換えると、生活体験を積み重ねれば自然とできてしまうことなのです。わざわざ機会を設けて試験のために作業させるのではなく、家事のお手伝いや身の回りの作業を年齢なりにこなすことを目標にしましょう。保護者の方は、気になるでしょうが、作業の途中で横から手を出したりしないようにしてください。それに慣れてしまうと、お子さまは何かトラブルが起こると作業を止めてしまうようになります。

【おすすめ問題集】
実践ゆびさきトレーニング①②③、Ｊｒ・25「生活巧緻性」、29「行動観察」、30「生活習慣」

問題20　分野：運動

〈準備〉　ビニールテープ、ボール（ソフトボールより少し大きめのもの）、笛

〈問題〉　**この問題は絵を参考にしてください。**
（あらかじめ、絵を参考に準備した道具を設置する）
①（この課題は４人１組で行う）
これから競争をします。まず、スタートの前で三角座り（体育座り）をして待ちます。次に私（出題者）が笛を鳴らしたら、立ち上がって、四角の枠を両足ジャンプで飛びながら、向こう側のゴールまで行きます。ゴールしたら、みんなが終わるまで三角座りで待っていてください。
②（この課題は20人程度のグループで行う）
線の前に並んでください。先頭の人にボールを手渡ししますから、線から出ないように私に向かって投げてください。ボールを投げる時は、片手で上から投げてください。投げ終わったら、列の後ろに並んでください。次の人も、私がボールを渡すので、同じように投げてください。

〈時間〉　①１分　②５分

〈解答〉　省略

［2020年度出題］

学習のポイント

運動は例年ほぼ同じ内容です。①は両足ジャンプによる競争です。ジャンプする時両足がしっかり揃っているか、跳び移る時にはみ出していないか、テンポよくジャンプできるかなどに気を付けてください。コースが長いので、ある程度の体力も必要になるかもしれません。もちろん、待機中の態度も観られています。運動も行動観察の一部ですから、油断しないようにしてください。②はボールを使った課題です。慣れていないようなら、入試前までに一度練習しておきましょう。相手が取りやすい速さでボールを投げるといった気配りができれば、さらに評価が良くなるかもしれません。並ぶ時に割り込みをしていないかなどといったマナーはもちろんのこと、投げ終わったらすぐ列の後ろに並んでいるかといった集団行動の基本ができているかもチェックの対象です。運動ができればそれでよいとは考えずに行動してください。

【おすすめ問題集】
新 運動テスト問題集、Ｊｒ・ウォッチャー28「運動」

☆城星学園小学校

問題１１

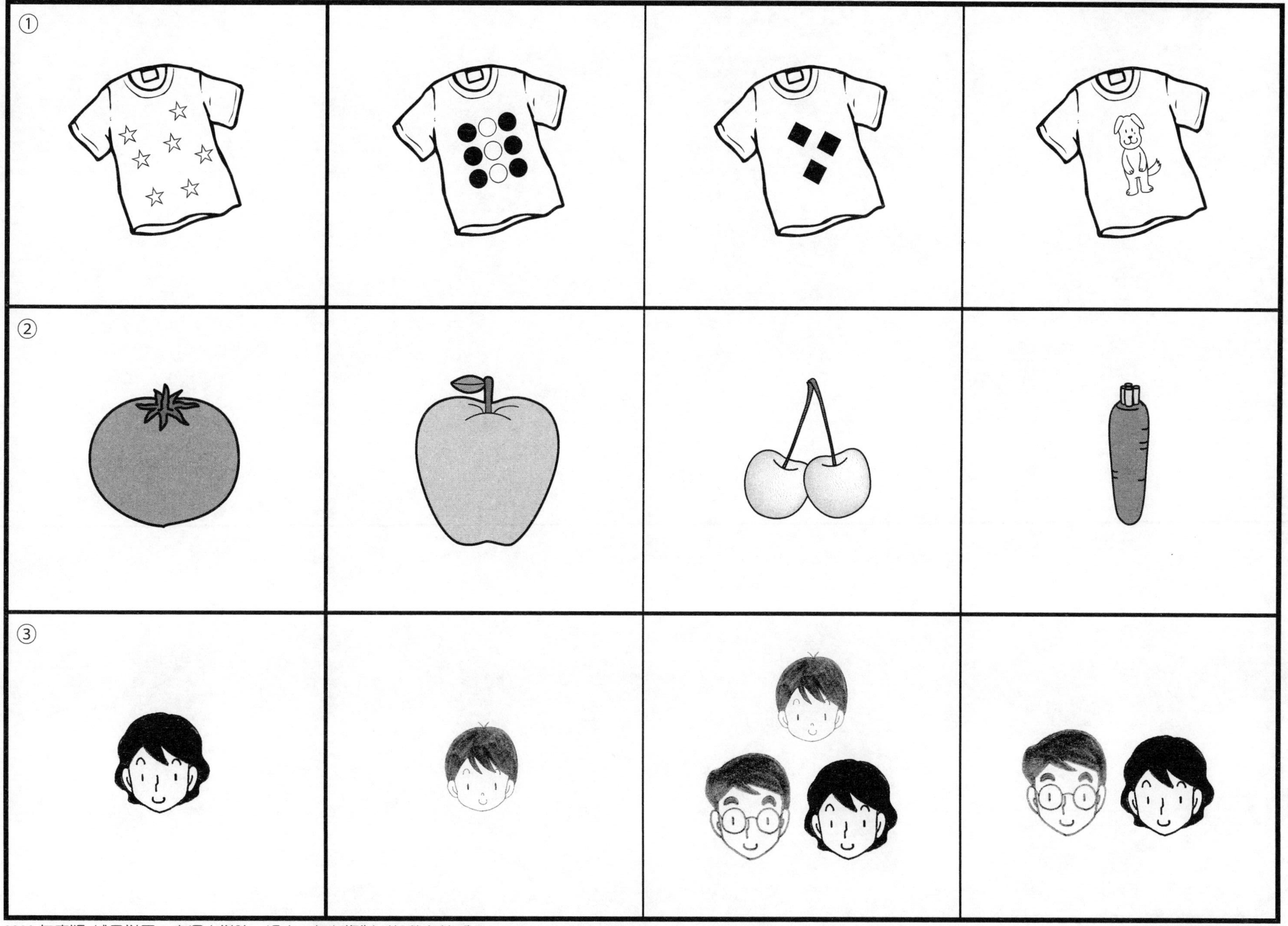

①

②

③

☆城星学園小学校

問題１２

①

②

③

問題13

①

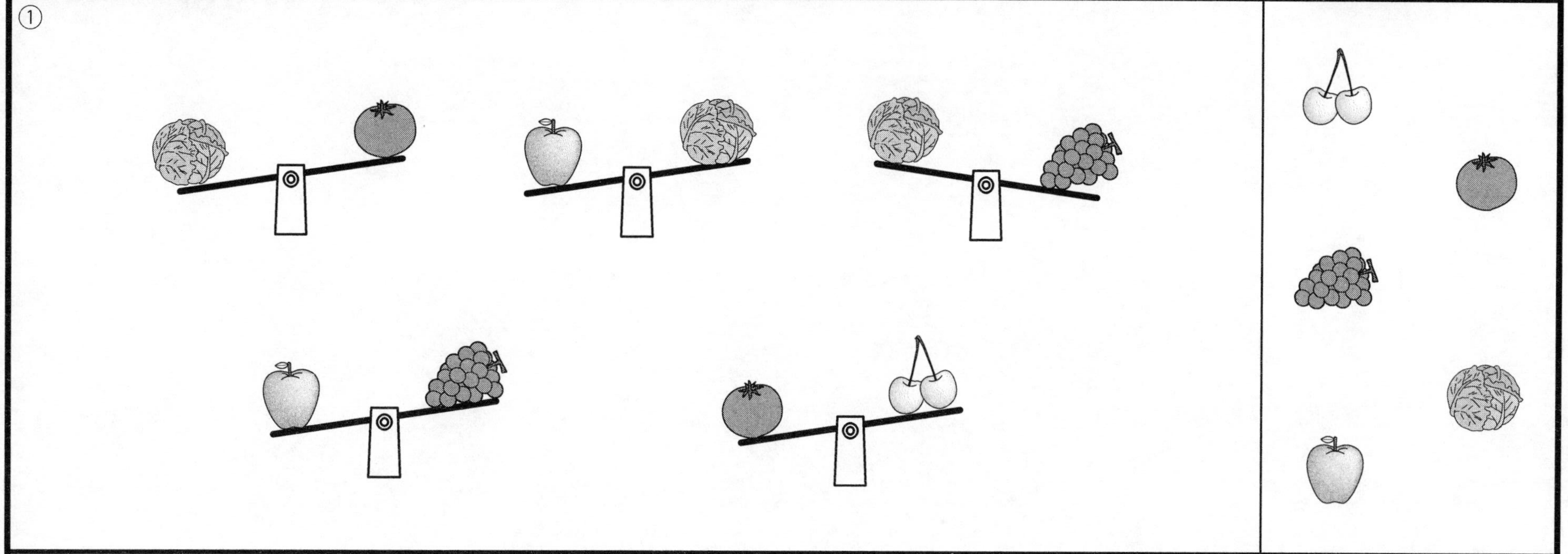

②

問題14

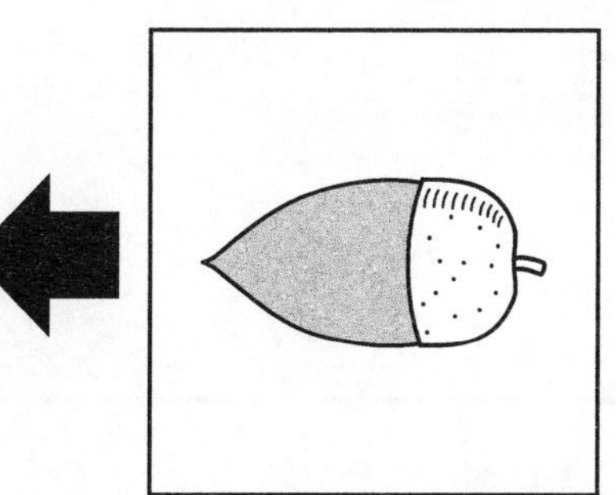

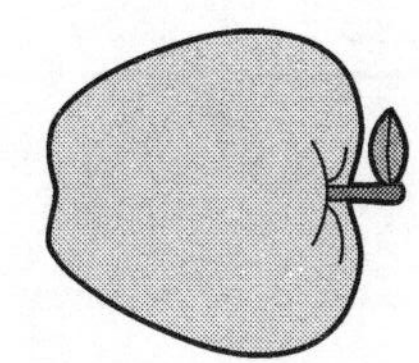

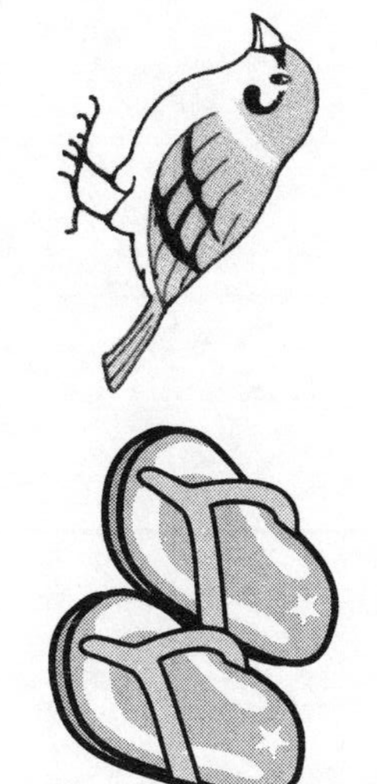

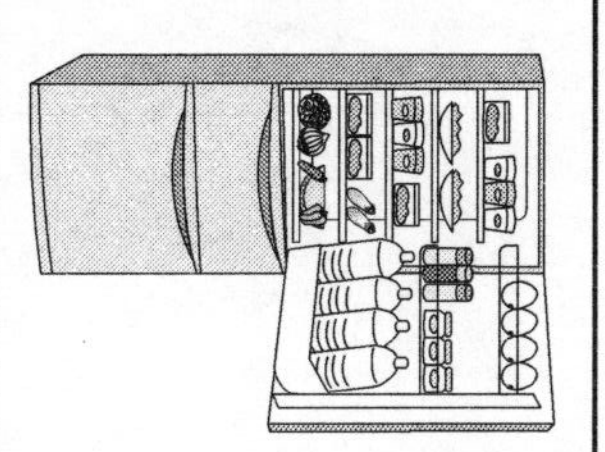

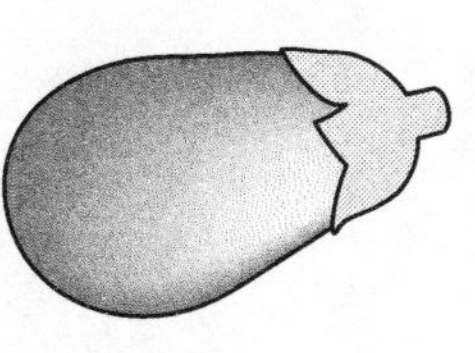

☆城星学園小学校

問題15

①

②

③

日本学習図書株式会社

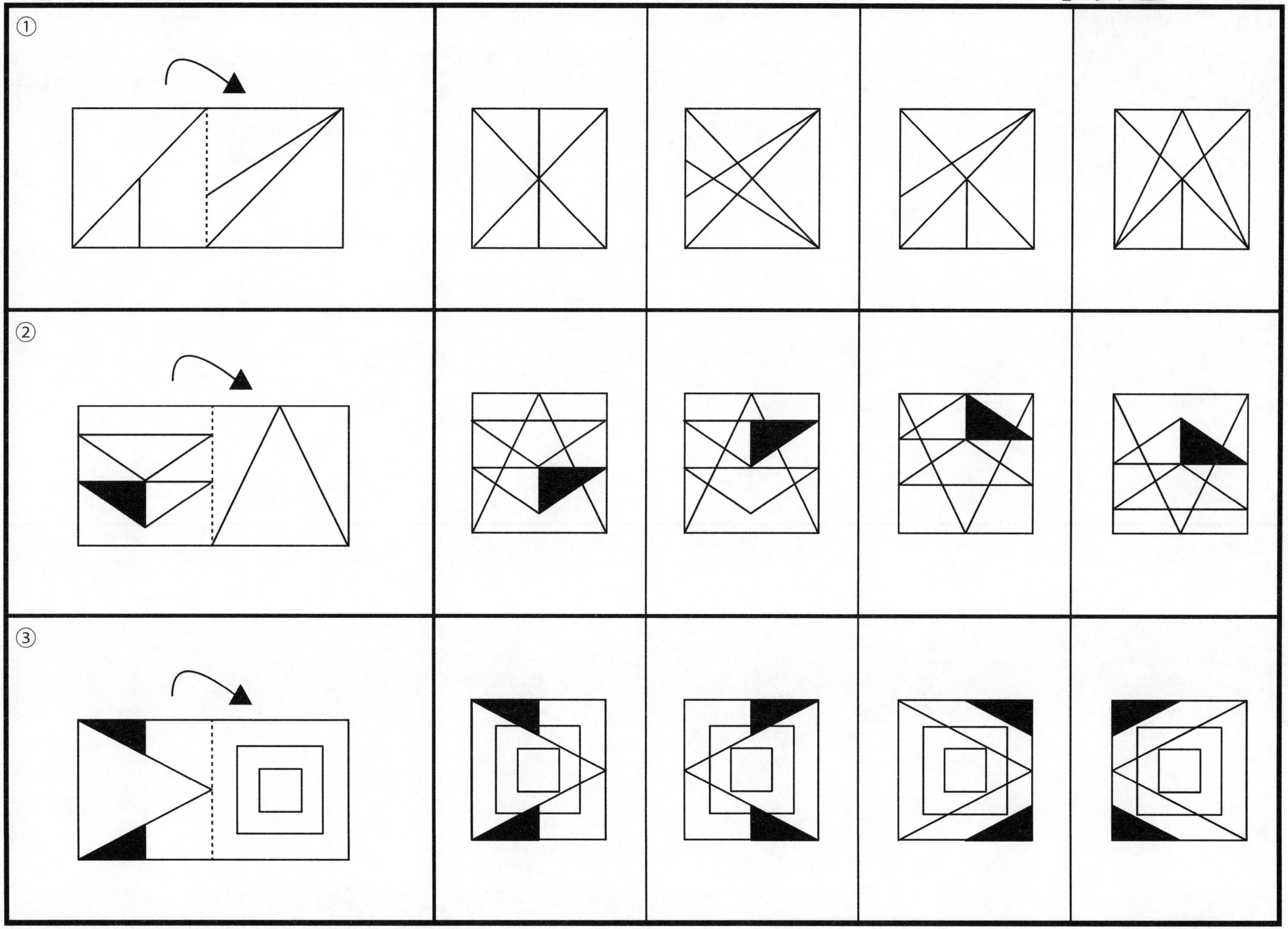

問題１６

①

②

③

日本学習図書株式会社

問題１７－１

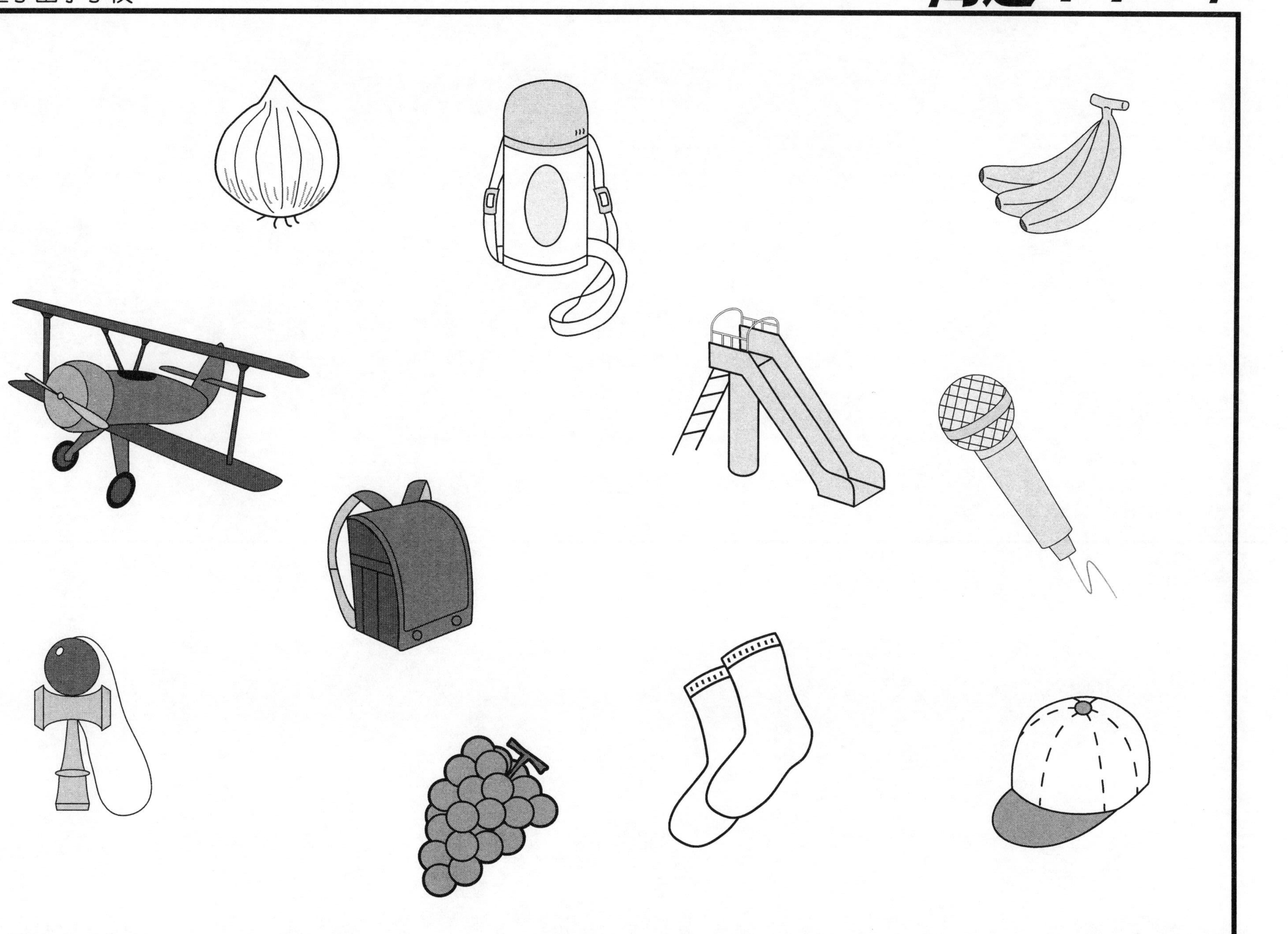

日本学習図書株式会社

問題17－2

☆城星学園小学校

問題18

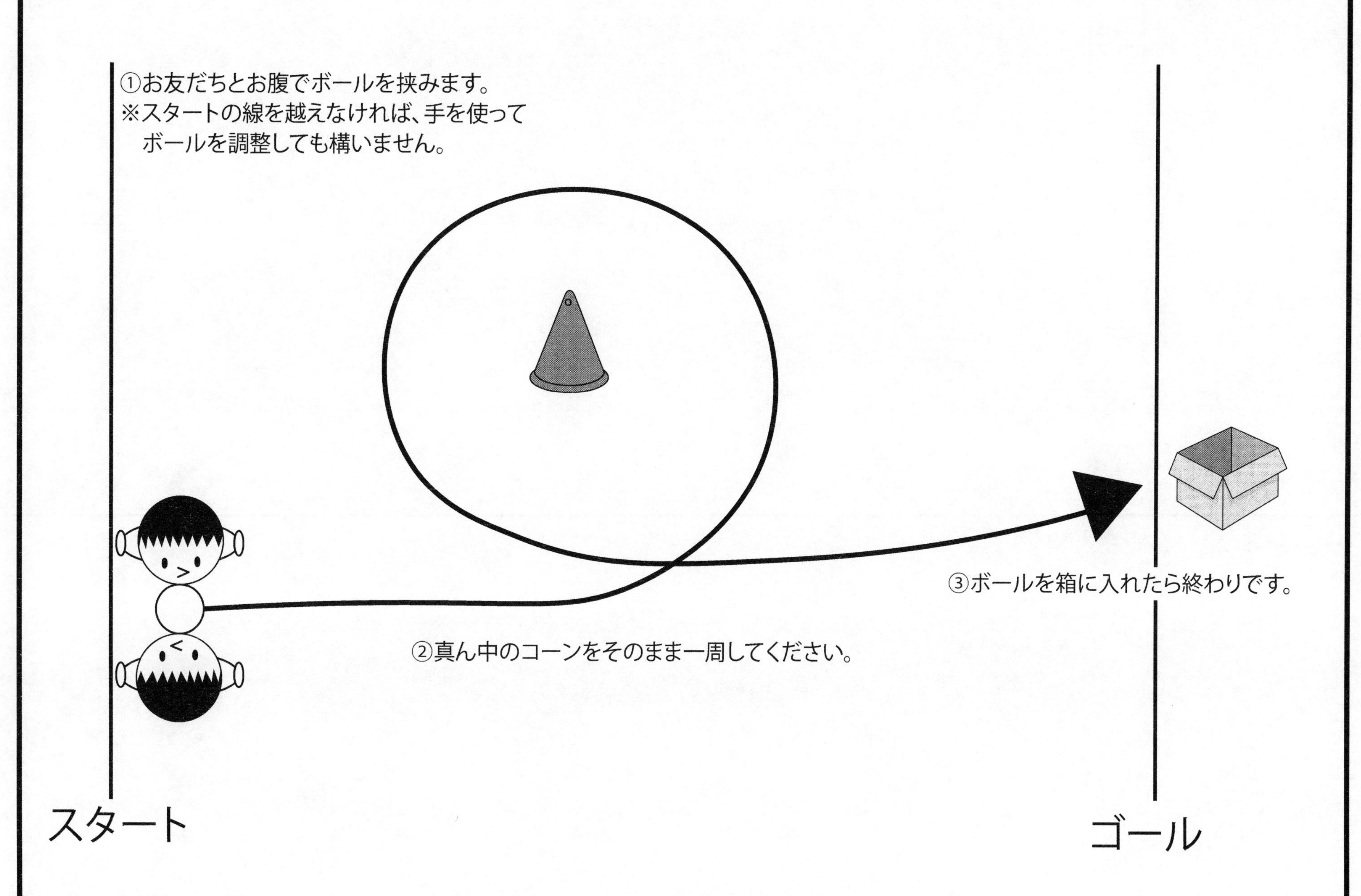

問題１９

①バラバラになっている絵を、動物が描いてある方をすべて表にして整えて、クリアファイルに入れてください。

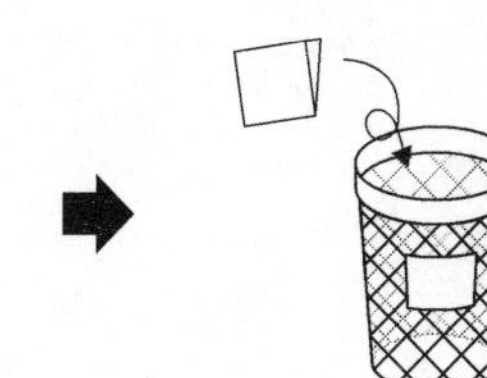
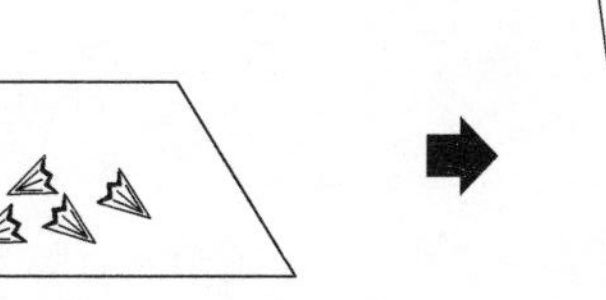
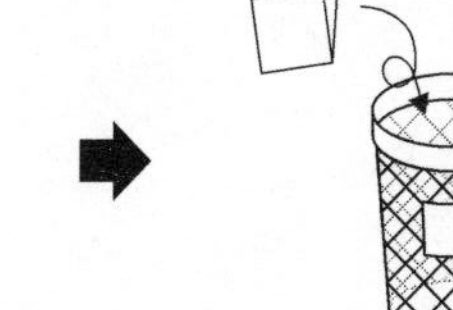

②ティッシュの上で鉛筆を削り、削ったゴミを包んで、ゴミ箱へ捨ててください。

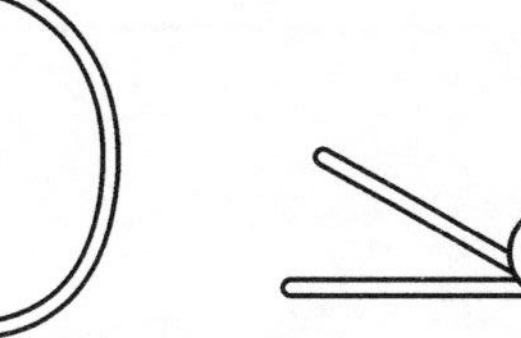
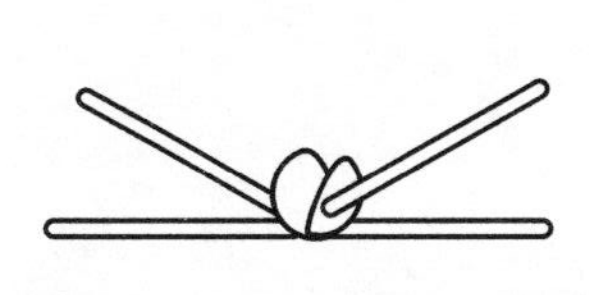

③３本のひもで、１本は丸をつくり、もう２本は結んでください。

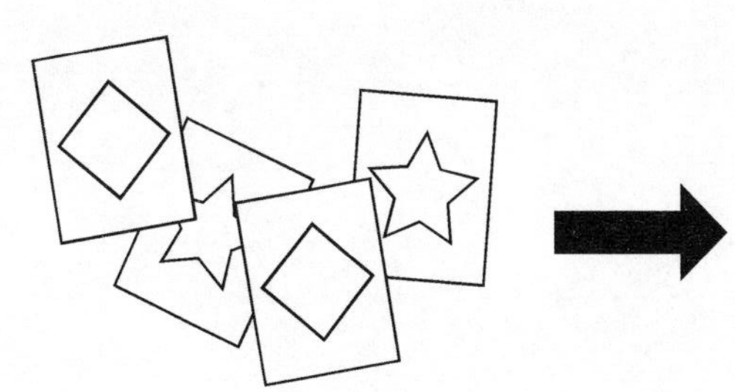

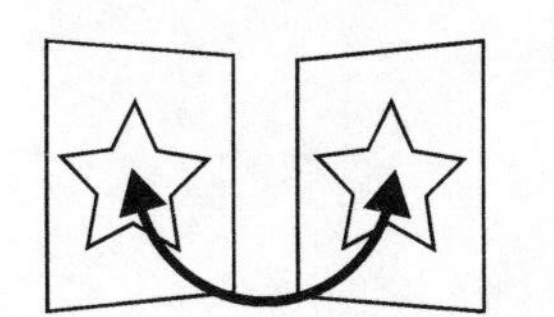

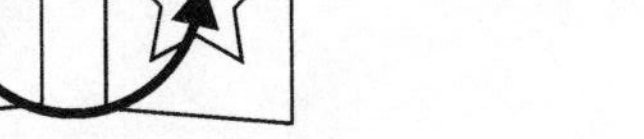

④同じ絵柄の紙を見つけ、絵柄同士を合わせて、半分に折って、またそのあと半分に折ってください。

問題２０

①四角の枠を両足跳びで飛びながら、ゴールまで行く。
(スタート前とゴール後は三角座りで待つ。同様のコースを４つ用意)

②先生にボールを投げる。

〈帝塚山学院小学校〉

◎学習効果を上げるため、前掲の「家庭学習ガイド」及び「合格のためのアドバイス」をお読みになり、各校が実施する入試の出題傾向を、よく把握した上で問題に取り組んでください。
※冒頭の「本書ご使用方法」「ご使用にあたっての注意点」も併せてご覧ください。

2021年度の最新問題

問題21　分野：数量（同数発見）

〈準　備〉　鉛筆

〈問　題〉　左の四角に描いてあるものと同じ数のものを右の四角から選んで○をつけてください。

〈時　間〉　各20秒

問題22　分野：言語（言葉の音）

〈準　備〉　鉛筆

〈問　題〉　左上のスイカから始まって右下のネコで終わるしりとりをします。つながる絵を選んで○をつけてください。

〈時　間〉　２分

問題23　分野：常識（知識）

〈準　備〉　鉛筆

〈問　題〉　それぞれの段で違う季節の絵を選んで○をつけてください。

〈時　間〉　１分

問題24　分野：図形（欠所補完）

〈準備〉　鉛筆

〈問題〉　それぞれの段の左の四角に描いてある絵の「？」になっているところに当てはまる絵を右側の四角から選んで○をつけてください。

〈時間〉　各１分

問題25　分野：図形（重ね図形）

〈準備〉　鉛筆

〈問題〉　それぞれの段の左の四角に描いてある２つの形を重ねるとどのようになるでしょうか。正しいものを右側の四角から選んで○をつけてください

〈時間〉　各15秒

問題26　分野：お話の記憶

〈準備〉　鉛筆

〈問題〉　これからするお話をよく聞いて、後の質問に答えてください。

まなぶくんの家族は、おじいさんとお父さんとお母さん、それにお兄さんの５人家族です。今日はおじいさんの誕生日です。「今日はとても天気がいいから散歩でもしてくるかな」と言って、おじいさんは、お兄さんを連れて散歩に出かけました。おじいさんが出かけている間に、まなぶくんとお父さんは、おじいさんへのプレゼントを買いに行くことにしました。お母さんはお家でごちそうを作ります。まなぶくんとお父さんはバスに乗ってデパートへ行き、プレゼントのセーターを買いました。濃いブルーのすてきなセーターです。出かける時、お母さんに「帰りにケーキを買って来てね」と頼まれたので、デパートの地下でおいしそうなケーキを買いました。急いで帰ってくると、おじいさんとお兄さんが先に帰っていました。お父さんがお兄さんに「おじいさんのお供をありがとう」と言うと、お兄さんはこっそりお父さんに「何を買ってきたの？」と聞いていました。おじいさんのお誕生日会のテーブルには、おいしいごちそうがたくさん並びました。ケーキを食べた後に、まなぶくんとお兄さんでおじいさんにプレゼントを渡しました。おじいさんはさっそくセーターを出して「これはすばらしい、ありがとう」と言いながら、セーターを着ました。おじいさんは「お腹がいっぱいだから、少し歩いてくるかな」と言って、まなぶくんとお兄さんと３人で出かけました。途中でおじいさんは、お礼にと言って２人にアイスクリームを買ってくれました。

①買い物に行った人に○をつけてください。
②おじいさんがもらったプレゼントは何ですか。○をつけてください。
③おじいさんの誕生日は、どのようなお天気でしたか。○をつけてください。
④買い物には、何に乗って行きましたか。○をつけてください。

〈時間〉　各30秒

問題27　分野：推理（系列）

〈準 備〉　鉛筆

〈問 題〉　さまざまな形があるお約束に従って並んでいます。「？」に入るものはなんですか。それぞれの段であてはまるものをその下の四角から選んで○をつけてください。

〈時 間〉　各30秒

問題28　分野：行動観察・巧緻性

〈準 備〉　封筒・ハサミ・Ａ４サイズの紙、ポストを模したダンボール箱
※箱から10メートルの位置までビニールテープで線を作っておく

〈問 題〉　①紙を折って封筒に入れてください。
②（問題28の紙を渡して）好きな花のカード切り取って、同じ封筒にいれてください。
③手紙を持って、スキップしながらポストまで行ってください。
④手紙をポストに入れてください。
⑤元の道を通って帰りましょう。

〈時 間〉　10分

問題29　分野：口頭試問

〈準 備〉　なし

〈問 題〉　※個別テストの冒頭に行われる。質問をするのは１人だが、テスターは３人。
・今日は誰と来ましたか。
・嫌いな食べ物はありますか。
・おかあさんに「ありがとう」と言ってもらうにはどうしたらよいですか。
・（問題29の絵を見せて）３つの絵はそれぞれどこがいけないところだと思いますか。

〈時 間〉　５分

問題30　分野：行動観察（マナー）

〈準 備〉　寿司のおもちゃ（適宜）、はし、皿
※あらかじめ、志願者の前に寿司のおもちゃ、はし、皿を並べておく。

〈問 題〉　**この問題の絵はありません。**
これからみんなで食事をします。食事をする時の注意をいくつか言いますから、よく聞いて守ってください。
①おしゃべりをしないで、食べる真似をしてください。
②食べ終わったら、食器はそのままにして、先生のところに行きましょう。
③お箸を落としてしまったら、手を挙げてください。

〈時 間〉　５分程度

問題31　分野：保護者面接

〈準備〉　なし

〈問題〉　**この問題の絵はありません。**

【アンケート】
・本学院を希望された理由をご記入ください。
・お子さまの良いところをご記入ください。
・子育てで親としてこだわっていることは何ですか。
・当校への出願は専願ですか、それとも併願ですか。

※面接は保護者のみ。
【面接】
・本学の建学の精神に基づいた取り組みを理解していますか
・家庭でお子さま接する時に大切にしていることはなんですか
・ご家庭に決まりごとありますか。（あると答えた時）それはどんなことですか。
・お子さまについて学校に伝えておきたいことはありますか
・志望理由をお聞かせください。
・ご家庭のしつけについてお聞かせください。
・お子さまが最近誰かに褒められたことはなんですか。
・この夏、お子さまが成長されたところをお聞かせください。
・子は親の背中を見て育つと言われますが、実践していることはなんですか。
・お子さまは幼稚園のことをよく話しますか。
・家庭でお子さまと接する上で１番気をつけていることはなんですか。
・いじめについてどうお考えですか。また、学校へのご要望はありますか。
・携帯電話を持っているお子さまについてどうお考えですか。
・最後に、これだけは言っておきたいことがありましたら教えてください。

－保護者が当校の卒業生の場合－
・当校に通われていた時のエピソードや印象に残っている出来事をお聞かせください。
・卒業してよかったこと、改善してほしいところについてお聞かせください。

〈時間〉　10分程度

〈解答〉　省略

問題２１

①

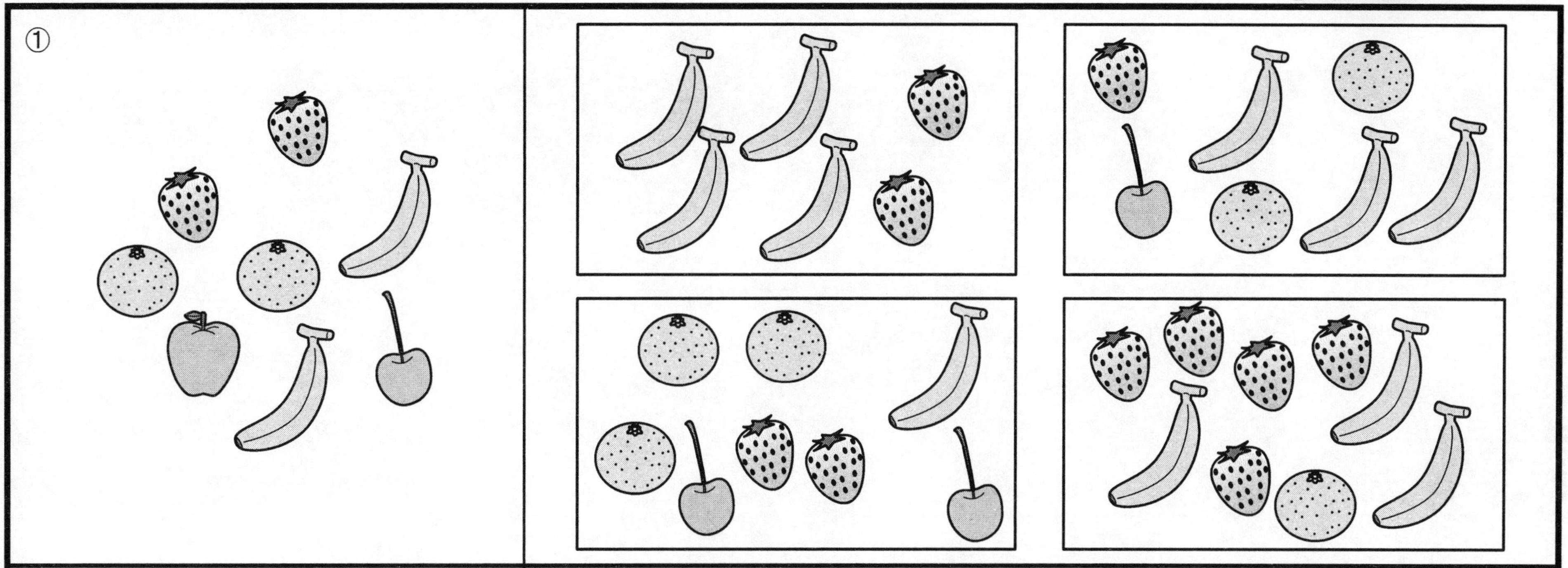

②

問題２２

日本学習図書株式会社

☆帝塚山学院小学校

問題２３

日本学習図書株式会社

問題２４

①

②

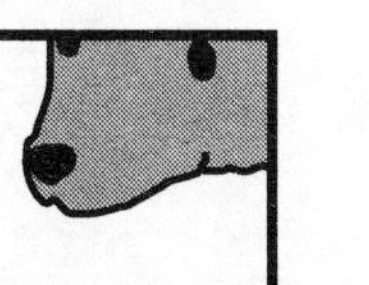
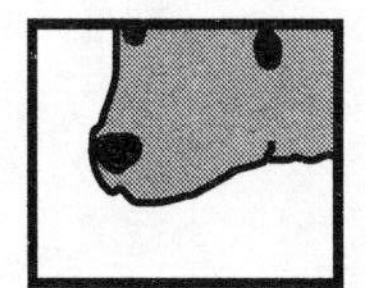
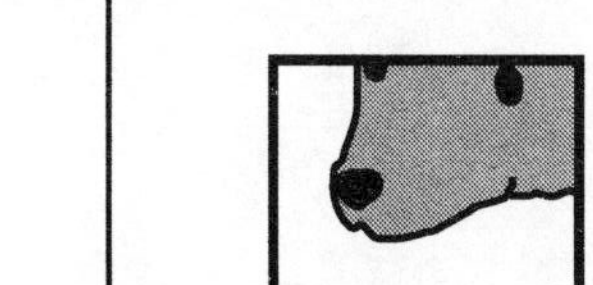

問題２５

①

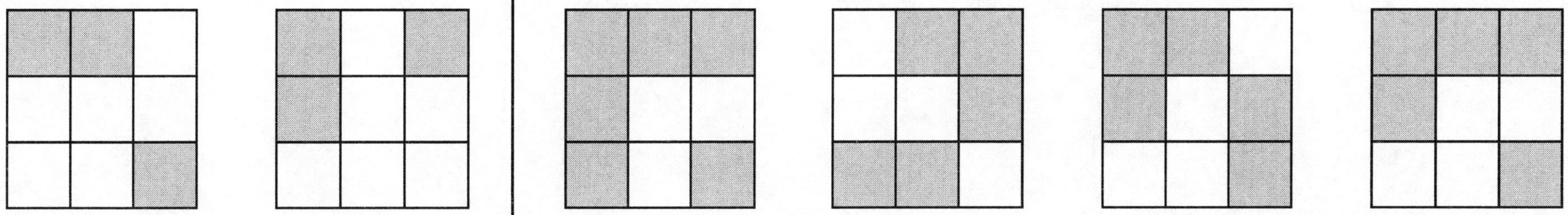

②

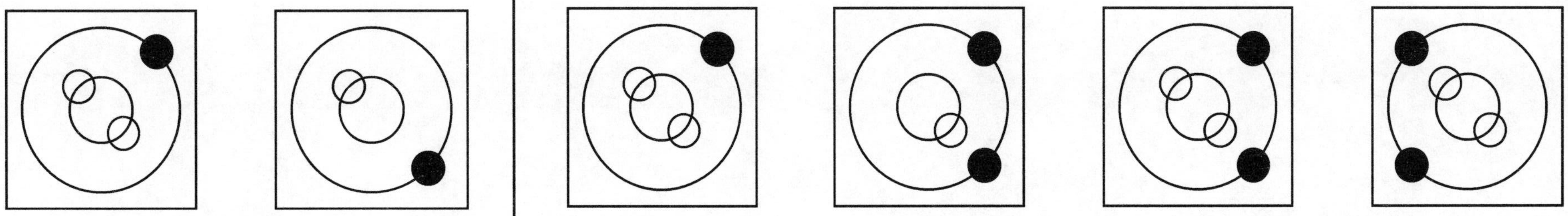

問題２６

   日本学習図書株式会社

☆帝塚山学院小学校

問題２７

①

?

②

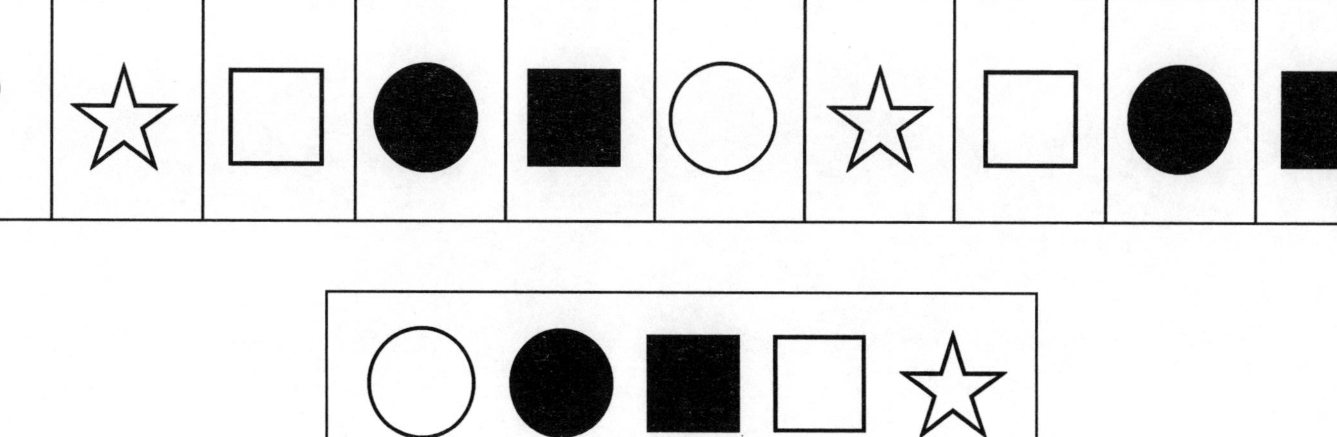

問題28

問題２９

2021年度入試
解答例・学習アドバイス

解答例では、制作・巧緻性・行動観察・運動といった分野の問題の答えは省略されています。こうした問題では、各問のアドバイスを参照し、保護者の方がお子さまの答えを判断してください。

問題21　分野：数量（同数発見）

〈解 答〉　①左下　②右上

小学校受験では集合という表現は使わないのですが、絵に描かれているいくつかのものを１つの集合に見立てて、それがいくつかを考えることがあります。単純に１つずつ数えてもよいのですが、それだと解答時間内に答えられないことが多いので、違った考え方をした方がよいでしょう。理想はひと目見て「～個」という形でわかることですが、難しいようなら「２個と３個と３個で８個」といった形で、自分で把握できる数に分割して数えていきましょう。小学校に入学すれば「たすと５になる組み合わせ」といった形で計算しやすくなる考え方を学びますが、ここでは数字を使わずにその考え方のみを使おうということです。最初は難しいかもしれませんが、慣れると自然とそういう見方ができるようになるでしょう。

【おすすめ問題集】
　Ｊｒ・ウォッチャー14「数える」、36「同数発見」

問題22　分野：言語（しりとり）

〈解答〉　下図参照
（しりとりはスイカ→カバ→バナナ→ながぐつ→ツバメ→めがね→ネコ）

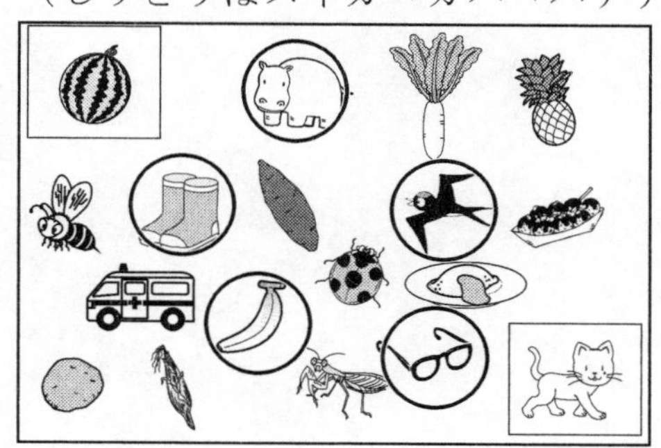

最後が「ネコ」で終わるしりとりその前の言葉は「ね」で終わる「めがね」。次に「め」で終わる言葉は「ツバメ」…と考えていきます。「スイカ」（最初の言葉）から考えてもよいですのが、まぎらわしい選択肢があった場合は、やりなおしになるので意外に時間がかかったりします。もちろん、絵が何を表しているかという知識、つまり語彙が年齢相応にないと話にならないので、生活の中で目にしたもの言葉として教えたり、しりとりのような言葉遊びをしておきましょう。

【おすすめ問題集】
Ｊｒ・ウォッチャー49「しりとり」、60「言葉の音（おん）」

問題23　分野：常識（季節）

〈解答〉　①右端（門松）　②右から２番目（精霊馬）　③右端（海水浴）
④右から２番目（入学式）

季節の問題は常識問題の中でもスタンダードな問題です。最近は環境の変化や技術の進歩で季節がズレているものもありますが、小学校受験では「春は３～５月、夏は６～８月、秋は９～11月、冬は12～２月」となっています。花の開花や野菜などが出回る時期などは生活感覚と違う場合もあるので注意してください。また、ある程度は考慮されていますが、最近の生活では見かけなくなったものや行われなくなった行事についても聞かれることがあります。例えば、生活用品で言えば「石油ストーブ」、行事で言えば「どんど焼き」などがそうです。

【おすすめ問題集】
Ｊｒ・ウォッチャー34「季節」

問題24　分野：図形（欠所補完）

〈解答〉　①○：上段左　②○：下段左

欠所補完の問題です。欠所補完は主に２つの問題が混在しています。１つは図形の１部分が欠けているものです。これは１種のパズルでその部品を欠けている部分に当てはめた時、矛盾がなければ正解ということになります。特に知識いらないので同じようなパズルを行っていれば自然とできるようになるでしょう。もう１つは常識を聞くもの、つまり、欠けている部分が（年齢相応の）常識で推測できるものです。②のように動物の顔やしっぽを胴体部分から推測するような問題がこれにあたります。知識があれば特に難しくないものがほとんどですが、推理するとなるとかなり難しい問題もあります。

【おすすめ問題集】

Ｊｒ・ウォッチャー59「欠所補完」

問題25　分野：図形（重ね図形）

〈解答〉　①右端　②右から２番目

基本的な重ね図形の問題です。単純に重ねるだけですので答えやすいとは思いますが、わからないようなら左の図に右の図（逆でもよい）を書き込んでみましょう。答えがすぐにわかるはずです。試験で実際に答える時には、図形全体ではなく一部分を移動させるという考え方で解いてください。①で言えば上段・中段・下段と分ける、あるいは右・中・左の列で考えるわけです。混乱しないだけでなく、当てはまらない選択肢がすぐにわかるので時間の節約につながります。

【おすすめ問題集】

Ｊｒ・ウォッチャー35「重ね図形」

問題26　分野：お話の記憶

〈解 答〉　①○：左から２番目（お父さん）、右から２番目（まなぶくん）
②○：左端（セーター）　③○：右端（晴れ）
④○：左から２番目（バス）

お話の記憶の問題を解く時、「お話を聞きながら絵本のように場面をイメージしてみなさい」というアドバイスをする保護者の方は多いのではないでしょうか。しかし、この「イメージ」、この種の学習に慣れていないお子さまにとって難しいものです。それよりは「何を」「誰と」「その後どうなったの」などと、お子さまに簡単で具体的な質問をした方が話全体を整理する上ではわかりやすく効率的です。これを繰り返せば自然とお話の場面をイメージするようになるので、少し遠回りのように思えますが、かえって学習の効率もよくなるでしょう。保護者の方とコミュニケーションを取りながら学習することは、お子さまの学力を効率よく上げたいと考えるならおすすめしたい学習方法の１つです。お話の記憶に限らず、図形や数量などのほかの分野についても同じことが言えます。

【おすすめ問題集】
１話５分の読み聞かせお話集①②、お話の記憶 初級編・中級編・上級編
Ｊｒ・ウォッチャー19「お話の記憶」

問題27　分野：推理（系列）

〈解 答〉　①○：▽　②○：○

基礎的な系列の問題です。よく使われるハウツーとしては２本の指で同じ記号を指し、指と指の間隔を保ちながら「？」のところに移動させるともう一方の指が答えとなる記号を指す、というものです。①なら親指で列の先頭の「☆」を指して、小指で左から５つ目の「☆」を指す、そのままの形で親指を「？」に平行移動させると小指が答えの「▽」を指し示すということです。このハウツー、便利ですが、円形の系列であったり、系列そのものが複雑だったりすると使えないことがあります。なるべくなら、「～というパターンだからこの記号が入る」という論理的な解き方をしてください。

【おすすめ問題集】
Ｊｒ・ウォッチャー６「系列」

問題28　分野：行動観察・巧緻性

基本的な巧緻性と行動観察を組み合わせた問題です。例年はもう少し長く、ストリー仕立てで作業と行動観察が続くのですが、今年度に関しては簡略化されています。作業については紙を切るだけなので問題ないでしょう。行動観察についても何のカードを選ぶか、指示を理解して実行できるかと言ったことぐらいしか評価されるものはないので、よほどのことをしない限り、差がつくことはありません。この点は昨年までも同様で、「こうしなければならない」という課題ではなく、常識の範疇で自由に振る舞ってよいのが当校入試の行動観察の傾向です。

【おすすめ問題集】

Ｊｒ・25「生活巧緻性」、29「行動観察」、30「生活習慣」

問題29　分野：口頭試問

口頭試問は個別テスト（問題28）の冒頭に行われます。内容としては面接でもよく聞かれるようなこと（今日は誰と来ましたか、何に乗ってきましたか、幼稚園で楽しい遊びは何ですか、など）ですが、これに加えて常識分野のこと、特に「マナーとルール」についての質問があります。ここでは食事のマナーについて聞かれていますが、公共の場での振る舞い、交通ルールなどについても聞かれることが多いでしょう。保護者の方は、教えるだけでなく、どのような行動を取るべきなのかを自らの行動で示してください。

【おすすめ問題集】

新口頭試問・個別テスト問題集、Ｊｒ・ウォッチャー56「マナーとルール」

問題30　分野：行動観察（マナー）

本年度はこのような状況下なので、食事テストは実際の食事は摂らず、おもちゃを使ったマナーをチェックするものになっています。とは言え、お箸の持ち方などは一応ただしいとされるものを知っておいてください。あまりひどいと減点されるかもしれません。行動観察の１つですから、指示を理解して実行するの当たり前です。食べ始め、食べ終わりについても指示があるので注意しましょう。あまりほかの学校では行わない課題なので、忘れがちなポイントです。

【おすすめ問題集】

Ｊｒ・ウォッチャー29「行動観察」、30「生活習慣」

問題31　分野：保護者面接

当校の面接は保護者のみです。事前アンケートや提出した書類に基づいた質問はありますが、それほど込み入ったことは聞かれません。入学意思、熱意といったものを測ることが大きな目的の面接ですから、それを前面に出せれば悪い印象を与えないでしょう。通っていた幼児教室や関係者などついて聞かれた時は、慎重に答えてください。内容によって話さない方がよい場合もあります。なお、アットホームな雰囲気の面接ですが、最低限のマナーは守ること、要望を述べるにしても常識の範疇にとどめておくようにしてください。

【おすすめ問題集】

保護者のための入試面接 最強マニュアル、新・小学校受験の入試面接Ｑ＆Ａ

問題32 分野：数量（選んで数える）

〈準備〉 鉛筆

〈問題〉 ①ウサギとカメは合わせていくつですか。
右上の四角にその数だけ○をつけてください。
②ウサギとカメはどちらの方が多いですか。
数が多い分だけ右下の四角に○をつけてください。

〈時間〉 各30秒

〈解答〉 ① ○：8 ② ○：2

［2020年度出題］

学習のポイント

1～10までの数のものの集合ならそれがいくつあるか一目でわかる（「ウサギが5匹いる」）、2つの集合があればどちらが多いかがわかる（「ウサギよりカメの方が多い」）といった感覚がないと、ほとんどの問題が解答時間内に答えられないようになっています。この感覚は特別なものではなく、小学校受験をする年頃のお子さまには自然と身に付いていることも多いものです。この問題は単純に2つのグループの数の多い・少ないを理解して、どれだけの差ができるかを考えるという基礎的な問題です。最初は指折り数えても、印を付けてもかまいませんが、瞬間的に数の構成、数の多少を把握できる「センス」を身に付けさせることを目標にしましょう。解答時間への対応力を上げるために欠かせない力です。

【おすすめ問題集】
Ｊｒ・ウォッチャー37「選んで数える」、38「たし算・ひき算1」、39「たし算・ひき算2」

問題33　分野：言語（言葉の音）

〈準　備〉　鉛筆

〈問　題〉　上の段の左端の四角の絵を見てください。ニンジンが描かれています。
その下のマス目は言葉の音の数を表していますが、「ん」が入るマス目に○が書いてあります。
ほかの絵の「ん」が入るマス目にも○を書いてください。

〈時　間〉　２分

〈解　答〉　下図参照

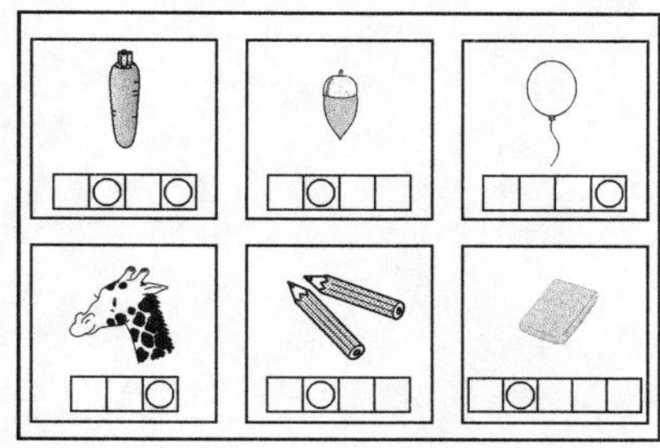

［2020年度出題］

学習のポイント

言葉の音に関する出題ですが、内容は難しいものではありません。もしスムーズに答えられないのなら、語彙がないというよりは、言葉を声に出す機会が少ないのかもしれません。話す機会が少ないとどうしても「音」に関する知識が不足します。文字を使わない言語の学習には実際に人と話すこと、話を聞くことが貴重な経験になりますから、保護者の方はお子さまにその機会を設けるよう意識してください。文字を使って考えればすぐにわかるこのような問題をあえて出題するのは、言葉が音の組み合わせでできているということを理解しているかをチェックしているだけではありません。声に出して言葉を使っているか、さらに言えば、ふだんから会話をしてコミュニケーションをとっているかを観ているのです。

【おすすめ問題集】

Ｊｒ・ウォッチャー17「言葉の音遊び」、18「いろいろな言葉」、
60「言葉の音（おん）」

問題34　分野：常識（知識）

〈準備〉　鉛筆

〈問題〉　（問題34の絵を渡す）
あるものの特徴を３つ言います。その特徴を聞き、何について聞かれていたのか、正しいものに○をつけてください。

①　・大きな爪を持っています
・冬の間、穴に潜って寝ています
・４本の足で歩きます

②　・人を乗せます
・ものすごい音を立てます
・飛びます

〈時間〉　各30秒

〈解答〉　①右から２番目（クマ）　②左端（飛行機）

［2020年度出題］

学習のポイント

なぞなぞ形式で出されるヒントに当てはまるものを自分の知識からさがすという常識の問題です。問題内容自体はそれほど難しいものではありませんが、形式が珍しいので、びっくりしないようにしてください。ヒントの聞き逃しと勘違いに注意です。①は動物の生態に関してです。ほかには、棲息場所、卵生・胎生、類別（鳥類・魚類など）、特徴（飛ぶ哺乳類→コウモリ、光る虫→ホタル）といったところがよく出題されます。②は飛行機についてのヒントが出されていますが、単に乗り物のかたちや名前を知っているだけでは解答できません。乗り物にはそれぞれ役割や特徴があることも理解させたいところです。これらはあくまでお子さまが知っていると思われる知識を聞く問題です。身近にいない動植物は別ですが、できるだけ実物を見る機会を設けてください。

【おすすめ問題集】
Ｊｒ・ウォッチャー27「理科」、34「季節」、55「理科②」

問題35　分野：図形（図形の構成）

〈準 備〉　鉛筆

〈問 題〉　左端の図形を作る時に、必要のない形があります。
その形を選んで○をつけてください。

〈時 間〉　各１分

〈解 答〉　①右から２番目　②左から２番目

［2020年度出題］

学習のポイント

見本の図形を作るのに、いらない形を選択肢から探す問題です。基礎的な問題ですから、順序立てて考えましょう。①は選択肢が４つありますから、いらない形は１つではないかと推測できます。つまり「３つの形を組み合わせて見本の形を作る」ということがわかります。次に頭の中で選択肢の図形を動かして、見本の形に重ねていきましょう。この時、図形の角や辺（へん）の向きに注目すると効率がよくなります。同じ角が選択肢にあればそこに重ねるのです。これを繰り返せば選択肢のなかで必要のない形が自然にわかるでしょう。ピンと来ないようでしたら、見本の図形に選択肢の形を書き込んでみてください。

【おすすめ問題集】
Ｊｒ・ウォッチャー３「パズル」、54「図形の構成」

問題36　分野：図形（同図形探し）

〈準 備〉　鉛筆

〈問 題〉　左の四角に描かれている図形と同じものを選んで○をつけてください。

〈時 間〉　45秒

〈解 答〉　①右から２番目　②右から２番目

［2020年度出題］

学習のポイント

左端の図形と同じ形の図形を選ぶという図形の基礎問題です。選択肢の形には細かな違いがあるので、よく観察してから答えましょう。まずはそれぞれの特徴に注目してください。①でいうならば、△が飛び出ている箇所が２つあります。このように注目するべきポイントを発見しましょう。１つの特徴を見比べて答えが出なかった時は、次の特徴へとすぐに切り替えて見比べて行きましょう。解答時間が短いのである程度のスピードも必要です。選択肢の図形には回転しいないので、感覚的に見比べて正解したい問題です。

【おすすめ問題集】
Ｊｒ・ウォッチャー４「同図形探し」

問題37　分野：お話の記憶

〈準備〉　鉛筆

〈問題〉　**この問題の絵は縦に使用してください。**
これからするお話をよく聞いて、後の質問に答えてください。

ウサギくんとカメさんは公園にいます。最初にシーソーをして、次にブランコをしていたのですが、「なんか楽しいことないかな」とウサギくんが言うので、「お買い物に行かない？」とカメさんが提案をしました。ウサギくんは次の日曜日の野球大会があるので、グローブがほしかったことを思い出しました。「じゃあスポーツ用品店にお買い物に行こう」とウサギくんは言いました。バス停で待っていると、緑色のバスがやってきました。席が空いていたので２人は隣同士に座りました。次のバス停に着くと、ライオンのおじいさんが乗ってきました。ウサギくんがライオンのおじいさんのために席を譲りました。おじいさんは「ありがとう」と言ってその席に座りました。次のバス停は目の前に本屋さんがあります。そのバス停に着くと、カメさんが「あ！　本屋さん！」と言ったので、ウサギくんは「どうしたの？」とたずねました。「今日は大好きな本の発売日だった」とカメさんが言うので、このバス停で降りることにしました。本屋さんに入って、カメさんお目当ての本を探しますが、見当たりません。ウサギくんが「ぼく、聞いてきてあげるよ」といい、店主さんに聞いてみたところ、その本は売り切れてしまったそうです。残念ですが、仕方ありません。カメさんは悲しい顔をしました。「ねえねえ、せっかくだし、バスに乗らずに歩いてスポーツ用品店へ向かおうよ」とウサギくんが言うので、そうすることにしました。道を歩いていると、キレイなサクラが咲いていました。「うわ～すごくきれい」カメさんは大喜び。サクラを見上げながら歩いていると、あっという間にスポーツ用品店へ着きました。

①１番上の段を見てください。ウサギくんは日曜日に何をしますか。○をつけてください。
②上から２番目の段を見てください。２人が乗ったバスは何色でしたか。同じ色のものに○をつけてください。
③上から３番目の段を見てください。２人が途中でバスを降りて、何屋さんへ行きましたか。○をつけてください。
④上から４番目の段を見てください。このお話の季節と同じものはどれですか。○をつけてください。

〈時間〉　30秒

〈解答〉　①左端（野球）　②右端（スイカ）　③右端（本屋）
④左から２番目（おひな様）

[2020年度出題]

学習のポイント

お話の記憶の問題では、お話に登場するものやお話の場面についての常識が問われることがあるので注意してください。中でもお話の舞台となる季節を登場する植物・行事で判断する問題は多く、花・野菜・季節の行事がお話に登場した時は、大抵の場合は「後でお話の季節を聞かれる」と思ってよいでしょう。ただし、これらのことに気を取られて、ストーリーの把握があやふやになると本末転倒です。当校のお話の記憶のストーリーは、同じ年頃の子どもたちの日常生活を舞台としたお話が多く、長さもさほどではありませんから、記憶しやすい部類に入ります。「誰が何を言ったか」「ほかの人とどういう関係なのか」ということをポイントとしてお話を聞きましょう。自分が登場人物、主人公になったつもりで、主人公から見た情景を絵のように思い描きながら聞いてください。内容が整理されて覚えやすくなるはずです。

【おすすめ問題集】

1話5分の読み聞かせお話集①②、1話7分の読み聞かせお話集入試実践編①、お話の記憶 初級編・中級編・上級編、Ｊｒ・ウォッチャー19「お話の記憶」、34「季節」、56「マナーとルール」

問題38　分野：行動観察（自由遊び）

〈準備〉　折り紙、積み木、絵本など

〈問題〉　この問題の絵はありません。
先生に呼ばれるまで、ここでほかのお友だちと自由に遊びましょう。

〈時間〉　適宜

〈解答〉　省略

［2020年度出題］

学習のポイント

この課題は次の行動観察の待機場所で行います。本格的な課題ではありませんが、観察はされていますので油断しないようにしてください。「自由遊び」ですから、1人で遊ぶのも自由なのですが、余計なことを考えられたくないのなら、ほかのお友だちと遊んだ方がよいでしょう。自然にほかのお友だちに声をかけたり、いっしょに遊ぶということは積極性や協調性があるというよい評価につながるかもしれません。ただし、トラブルは起こさないでください。優れた志願者を見つけるというよりは、自由に遊んでよいという状況でも、普通に行動できない問題のある志願者をチェックするための課題なのです。

【おすすめ問題集】

Ｊｒ・ウォッチャー23「切る・貼る・塗る」、29「行動観察」、56「マナーとルール」

問題39　分野：行動観察

〈準 備〉　カゴ、衣服（３～４枚バラバラに置く）、ビニールテープ

〈問 題〉　**この問題は絵を参考にしてください。**
※先生のお手本を見た後に会話しながら行う。
①ウサギさんの家へ行きましょう（床にテープで作られた曲線の上を歩く）。
②ウサギさんの家に着きました。家が散らかってます。
　畳んで、カゴに入れましょう（服を畳んでカゴに入れる）。
③今日はウサギさんのお誕生日なので、カレーを作ります。
　でも、ウサギさんはジャガイモとニンジンが嫌いです。
　ウサギさんになんて言ってあげるとよいですか。
④もしも自分の嫌いなものが給食に出たらどうしますか。
⑤元の道を使って帰りましょう。

〈時 間〉　10分

〈解 答〉　省略

［2020年度出題］

学習のポイント

①②⑤は指示行動です。②では巧緻性（器用さ）を観ているのですが、それほど難しいものではありません。③④は口頭試問です。どんな答えでもかまいませんが、会話として成立しているかどうかはチェックしておいてください。質問に対して答えになっていないと問題があります。観点は、自分の考えを自分の言葉で伝えられるかです。入学後に必要とされる重要な観点です。逆に言えば、なにか特別な才能や素質を観ようとしているので、奇をてらう必要はないということです。競争でもないので変わったことをするお子さまもいないと思いますが、試験会場に送り出す際は「ふだんどおりに行動しなさい」と声をかけておきましょう。緊張もほぐれるはずです。

【おすすめ問題集】
　Ｊｒ・ウォッチャー29「行動観察」

問題40　分野：行動観察（グループ）

〈準備〉　①ボール（ドッジボールほど）、カゴ（２つ、スタートとゴールに置く）、ビニールテープ（スタートとゴールの線を作る、間隔10メートルほど）
②空き缶（20個ほど）

〈問題〉　この問題の絵はありません。
※この問題は４人のグループで行う。
①「はじめ」と言ったらお友だちと一緒に、カゴからボールを取り出して、バスタオルにボールを乗せ、バスタオルの端を１人ずつ持って、ゴールへ運んでください。そしてゴールのところに置いてあるカゴにボールを入れてください。
②空き缶をできるだけ高く積んでください。高く積んだチームの勝ちです。

〈時間〉　①適宜　②３分

〈解答〉　省略

［2020年度出題］

学習のポイント

協調性、積極性を観点とした、グループで行う行動観察も当校では行われます。①はタオルにボールを載せて運ぶ課題です。４人でタオルの端をつかむとバランスが取りにくいので、息を合わせる必要があるでしょう。この課題では、集団を引っぱっていく積極性も必要ですが、ほかのお友だちを気遣いも必要です。②は空き缶を高く積みあげていくゲーム形式の課題です。ゲームの勝ち負けと個人の評価は別ですから、結果を気にする必要ありません。ここで観られているのは、勝つためにどのように話し合っているか、役割を決めているかといったプロセスです。お子さまがゲームを楽しめば自然と積極的になり、グループで話し合うでしょう。試験だからとよそ行きの姿勢を取っても仕方ありません。

【おすすめ問題集】
Ｊｒ・ウォッチャー29「行動観察」、30「生活習慣」

問題41　分野：行動観察（マナー）

〈準備〉　なし

〈問題〉　この問題の絵はありません。
これからみんなで食事をします。食事をする時の注意をいくつか言いますから、よく聞いて守ってください。
①お喋りをしないで、残さずに食べてください。
②食べ終わったら、食器はそのままにして、お姉さんのところに行きましょう。
※お世話をする６年生のお姉さんたちが待機している。
③お茶がなくなったり、お箸やスプーンを落としてしまったら、手を挙げてください。時間内に食べられなかったら、残しても大丈夫です。

〈時間〉　20分程度

〈解答〉　省略

［2020年度出題］

学習のポイント

本年度の食事メニューは、「白ご飯・ハンバーグ・ニンジンの酢の物・野菜のスープ・フルーツポンチ」でした。メニューは年によって違い、量は小学校１年生の半分程度です。嫌いなものは残してもよいという指示が出されていますが、あまり多く残してしまうと、学校に管理が難しいという印象を与えかねません。ほどほどにしておきましょう。アレルギーなどがあれば事前に申告しておいてください。この食事のテストは行動観察の一環として行われます。手を洗い、給食室でみんなと一緒に食事を摂り、食べ終わった人から退室しますが、食べるのが速ければよいというわけではもちろんありません。焦る必要はないでしょう。お箸の持ち方、お茶碗の持ち方、食べ方、食事時のマナーなども観点ですが、それよりも大切なのは指示を理解することです。ここでは食べ始め、食べ終わるとどのようにするかといったことが指示されますから、この点だけはしっかりと守りましょう。

【おすすめ問題集】

Ｊｒ・ウォッチャー29「行動観察」、30「生活習慣」

☆帝塚山学院小学校

問題３２

①

②

日本学習図書株式会社

☆帝塚山学院小学校

   日本学習図書株式会社

問題３４

①

②

☆帝塚山学院小学校

問題35

①

②

問題３６

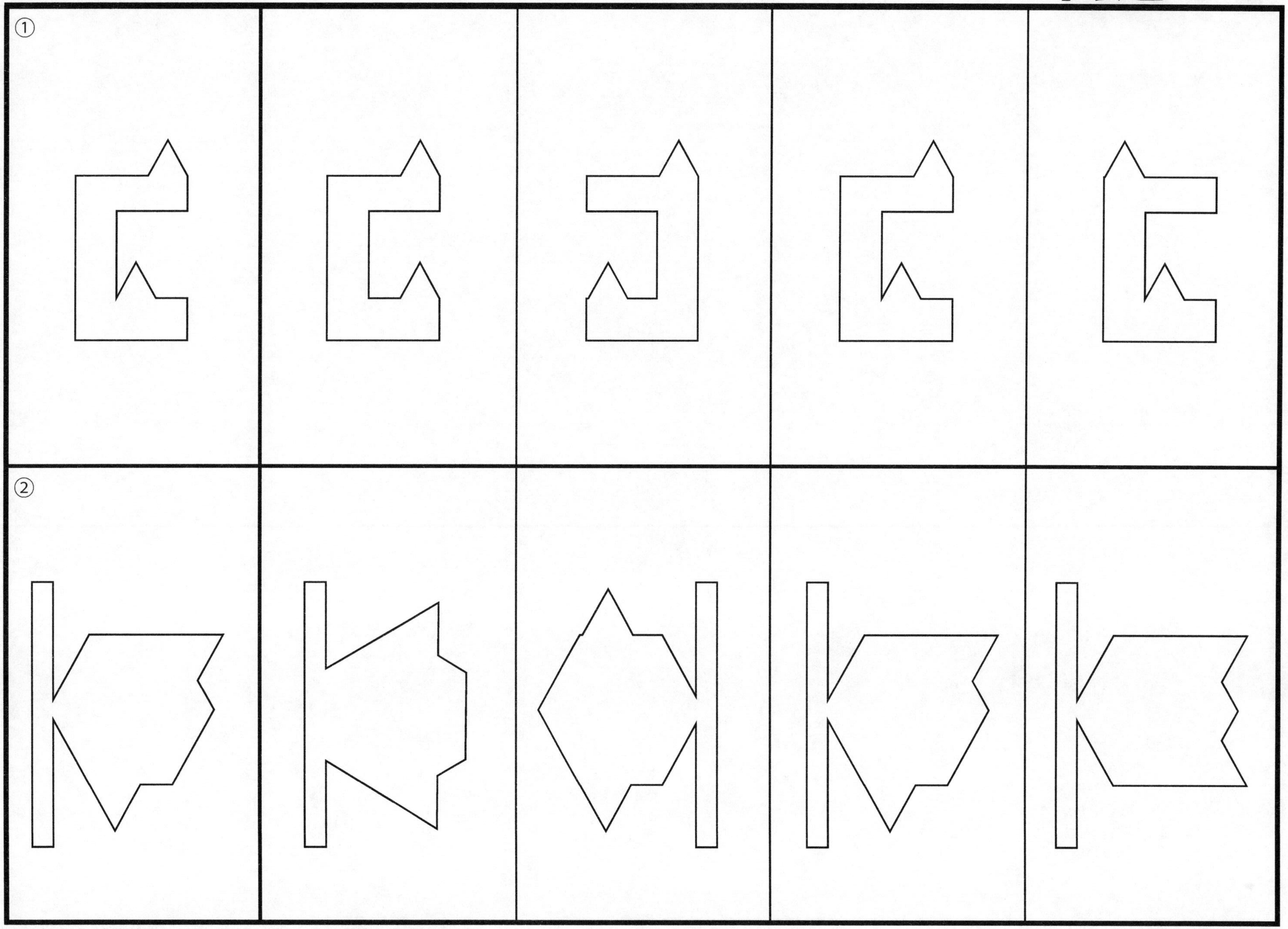

①

②

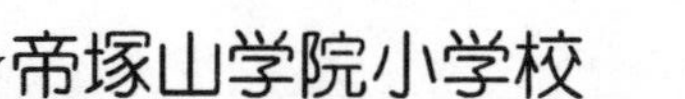

問題37

①

②

③

④

問題３９

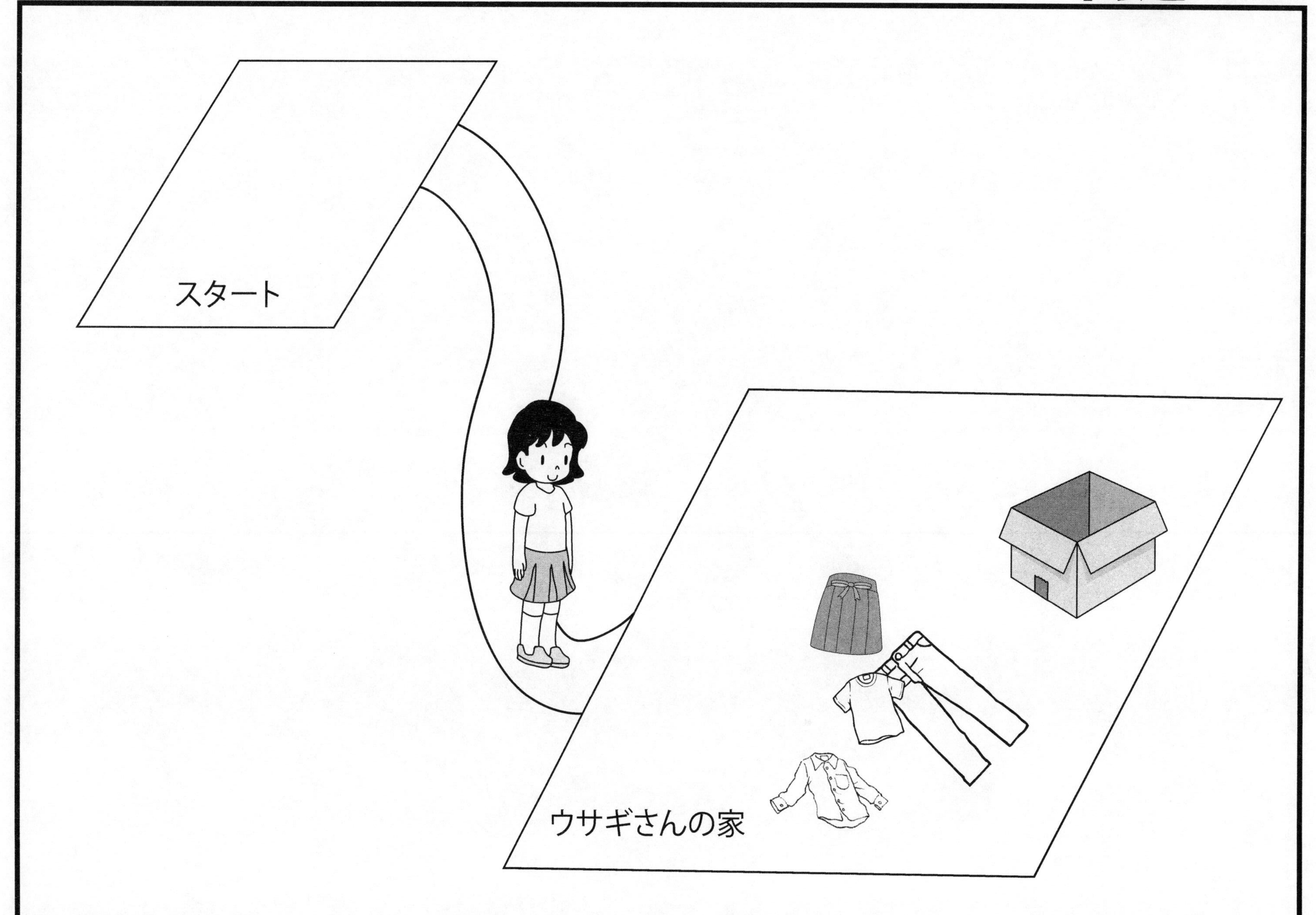

帝塚山学院小学校　専用注文書

年　　月　　日

合格のための問題集ベスト・セレクション

＊入試頻出分野ベスト３

1st お話の記憶
集中力　聞く力

2nd 図　形
観察力　思考力

3rd 行動観察
聞く力　話す力　協調性

入試内容は基礎問題中心です。偏りはあまりないので各分野の基礎をまんべんなく学びましょう。
行動観察は、内容が濃く、時間をかけて行われます。対策は過去問を中心に怠りなく行ってください。

分野	書　名	価格(税込)	注文	分野	書　名	価格(税込)	注文
図形	Ｊｒ・ウォッチャー3「パズル」	1,650円	冊	常識	Ｊｒ・ウォッチャー34「季節」	1,650円	冊
図形	Ｊｒ・ウォッチャー4「同図形探し」	1,650円	冊	図形	Ｊｒ・ウォッチャー35「重ね図形」	1,650円	冊
図形	Ｊｒ・ウォッチャー8「対称」	1,650円	冊	数量	Ｊｒ・ウォッチャー36「同数発見」	1,650円	冊
図形	Ｊｒ・ウォッチャー9「合成」	1,650円	冊	数量	Ｊｒ・ウォッチャー37「選んで数える」	1,650円	冊
常識	Ｊｒ・ウォッチャー11「いろいろな仲間」	1,650円	冊	図形	Ｊｒ・ウォッチャー45「図形分割」	1,650円	冊
数量	Ｊｒ・ウォッチャー14「数える」	1,650円	冊	言語	Ｊｒ・ウォッチャー49「しりとり」	1,650円	冊
数量	Ｊｒ・ウォッチャー16「積み木」	1,650円	冊	図形	Ｊｒ・ウォッチャー53「四方からの観察　積み木編」	1,650円	冊
言語	Ｊｒ・ウォッチャー17「言葉の音遊び」	1,650円	冊	図形	Ｊｒ・ウォッチャー54「図形の構成」	1,650円	冊
言語	Ｊｒ・ウォッチャー18「いろいろな言葉」	1,650円	冊	常識	Ｊｒ・ウォッチャー55「理科②」	1,650円	冊
記憶	Ｊｒ・ウォッチャー20「見る記憶・聴く記憶」	1,650円	冊	常識	Ｊｒ・ウォッチャー56「マナーとルール」	1,650円	冊
巧緻性	Ｊｒ・ウォッチャー23「切る・貼る・塗る」	1,650円	冊	言語	Ｊｒ・ウォッチャー60「言葉の音（おん）」	1,650円	冊
常識	Ｊｒ・ウォッチャー27「理科」	1,650円	冊		1話5分の読み聞かせお話集①②	1,980円	各　冊
行動観察	Ｊｒ・ウォッチャー29「行動観察」	1,650円	冊		新 個別テスト・口頭試問問題集	2,750円	冊
行動観察	Ｊｒ・ウォッチャー30「生活習慣」	1,650円	冊		面接最強マニュアル	2,200円	冊

合計	冊	円

（フリガナ） 氏　名	電　話 ＦＡＸ E-mail
住　所　〒　　　－	以前にご注文されたことはございますか。 有　・　無

★お近くの書店、または記載の電話・FAX・ホームページにてご注文をお受けしております。
電話：03-5261-8951　FAX：03-5261-8953　代金は書籍合計金額＋送料がかかります。
※なお、落丁・乱丁以外の理由による商品の返品・交換には応じかねます。
★ご記入頂いた個人に関する情報は、当社にて厳重に管理致します。なお、ご購入の商品発送の他に、当社発行の書籍案内、書籍に関する調査に使用させて頂く場合がございますので、予めご了承ください。

日本学習図書株式会社
http://www.nichigaku.jp

分野別 小学入試練習帳 ジュニアウォッチャー

タイトル	内容
1．点・線図形	小学校入試で出題頻度の高い『点・線図形』の模写を、難易度の低いものから段階別に幅広く練習することができるように構成。
2．座標	図形の位置模写という作業を、難易度の低いものから段階別に練習できるように構成。
3．パズル	様々なパズルの問題を難易度の低いものから段階別に練習できるように構成。
4．同図形探し	小学校入試で出題頻度の高い、同図形選びの問題を繰り返し練習できるように構成。
5．回転・展開	図形などを回転、または展開したとき、形がどのように変化するかを学習し、理解を深められるように構成。
6．系列	数、図形などの様々な系列問題を、難易度の低いものから段階別に練習できるように構成。
7．迷路	迷路の問題を繰り返し練習できるように構成。
8．対称	対称に関する問題を４つのテーマに分類し、各テーマごとに問題を段階別に練習できるように構成。
9．合成	図形の合成に関する問題を、難易度の低いものから段階別に練習できるように構成。
10. 四方からの観察	もの（立体）を様々な角度から見て、どのように見えるかを推理する問題を段階別に整理し、１つの形式で複数の問題を練習できるように構成。
11. いろいろな仲間	ものや動物、植物の共通点を見つけ、分類していく問題を中心に構成。
12. 日常生活	日常生活における様々な問題を６つのテーマに分類し、各テーマごとに一つの問題形式で複数の問題を練習できるように構成。
13. 時間の流れ	『時間』に着目し、様々なものごとは、時間が経過するとどのように変化するのかということを学習し、理解できるように構成。
14. 数える	様々なものを『数える』ことから、数の多少の判定やかけ算、わり算の基礎までを練習できるように構成。
15. 比較	比較に関する問題を５つのテーマ（数、高さ、長さ、量、重さ）に分類し、各テーマごとに問題を段階別に練習できるように構成。
16. 積み木	数える対象を積み木に限定した問題集。
17. 言葉の音遊び	言葉の音に関する問題を５つのテーマに分類し、各テーマごとに問題を段階別に練習できるように構成。
18. いろいろな言葉	表現力をより豊かにするいろいろな言葉として、擬態語や擬声語、同音異義語、反意語、数詞を取り上げた問題集。
19. お話の記憶	お話を聴いてその内容を記憶、理解し、設問に答える形式の問題集。
20. 見る記憶・聴く記憶	「見て憶える」「聴いて憶える」という『記憶』分野に特化した問題集。
21. お話作り	いくつかの絵を元にしてお話を作る練習をして、想像力を養うことができるように構成。
22. 想像画	描かれてある形や景色に好きな絵を描くことにより、想像力を養うことができるように構成。
23. 切る・貼る・塗る	小学校入試で出題頻度の高い、はさみやのりなどを用いた巧緻性の問題を繰り返し練習できるように構成。
24•絵画	小学校入試で出題頻度の高い、お絵かきやぬり絵などクレヨンやクーピーペンを用いた巧緻性の問題を繰り返し練習できるように構成。
25. 生活巧緻性	小学校入試で出題頻度の高い日常生活の様々な場面における巧緻性の問題集。
26. 文字・数字	ひらがなの清音、濁音、拗音、拗長音、促音と１～20までの数字に焦点を絞り、練習できるように構成。
27. 理科	小学校入試で出題頻度が高くなりつつある理科の問題を集めた問題集。
28. 運動	出題頻度の高い運動問題を種目別に分けて構成。
29. 行動観察	項目ごとに問題提起をし、「このような時はどうか、あるいはどう対処するのか」の観点から問いかける形式の問題集。
30. 生活習慣	学校から家庭に提起された問題と思って、一問一問絵を見ながら話し合い、考える形式の問題集。
31. 推理思考	数、量、言語、常識（含理科、一般）など、諸々のジャンルから問題を構成し、近年の小学校入試問題傾向に沿って構成。
32. ブラックボックス	箱や筒の中を通ると、どのようなお約束でどのように変化するかを推理・思考する問題集。
33. シーソー	重さの違うものをシーソーに乗せた時どちらに傾くのか、またどうすればシーソーは釣り合うのかを思考する基礎的な問題集。
34. 季節	様々な行事や植物などを季節別に分類できるように知識をつける問題集。
35. 重ね図形	小学校入試で頻繁に出題されている「図形を重ね合わせてできる形」についての問題を集めました。
36. 同数発見	様々な物を数え「同じ数」を発見し、数の多少の判断や数の認識の基礎を学べるように構成した問題集。
37. 選んで数える	数の学習の基本となる、いろいろなものの数を正しく数える学習を行う問題集。
38. たし算・ひき算１	数字を使わず、たし算とひき算の基礎を身につけるための問題集。
39. たし算・ひき算２	数字を使わず、たし算とひき算の基礎を身につけるための問題集。
40. 数を分ける	数を等しく分ける問題です。等しく分けたときに余りが出るものもあります。
41. 数の構成	ある数がどのような数で構成されているか学んでいきます。
42. 一対多の対応	一対一の対応から、一対多の対応まで、かけ算の考え方の基礎学習を行います。
43. 数のやりとり	あげたり、もらったり、数の変化をしっかりと学びます。
44. 見えない数	指定された条件から数を導き出します。
45. 図形分割	図形の分割に関する問題集。パズルや合成の分野にも通じる様々な問題を集めました。
46. 回転図形	「回転図形」に関する問題集。やさしい問題から始め、いくつかの代表的なパターンから、段階を踏んで学習できるよう編集されています。
47. 座標の移動	「マス目の指示通りに移動する問題」と「指示された数だけ移動する問題」を収録。
48. 鏡図形	鏡で左右反転させた時の見え方を考えます。平面図形から立体図形、文字、絵まで。
49. しりとり	すべての学習の基礎となる「言葉」を学ぶこと、特に「語彙」を増やすことに重点をおき、さまざまなタイプの「しりとり」問題を集めました。
50. 観覧車	観覧車やメリーゴーラウンドなどを舞台にした「回転系列」の問題集。「推理思考」分野の問題ですが、要素として「図形」や「数量」も含みます。
51. 運筆①	鉛筆の持ち方を学び、点線なぞり、お手本を見ながらの模写で、線を引く練習をします。
52. 運筆②	運筆①からさらに発展し、「欠所補完」や「迷路」などを楽しみながら、より複雑な鉛筆運びを習得することを目指します。
53. 四方からの観察 積み木編	積み木を使用した「四方からの観察」に関する問題を練習できるように構成。
54. 図形の構成	見本の図形がどのような部分によって形づくられているかを考えます。
55. 理科②	理科的知識に関する問題を集中して練習する「常識」分野の問題集。
56. マナーとルール	道路や駅、公共の場でのマナー、安全や衛生に関する常識を学べるように構成。
57. 置き換え	さまざまな具体的・抽象的事象を記号で表す「置き換え」の問題を扱います。
58. 比較②	長さ・高さ・体積・数などを数学的な知識を使わず、論理的に推測する「比較」の問題を練習できるように構成。
59. 欠所補完	線と線のつながり、欠けた絵に当てはまるものなどを求める「欠所補完」に取り組める問題集です。
60. 言葉の音（おん）	しりとり、決まった順番の音をつなげるなど、「言葉の音」に関する問題に取り組める練習問題集です。

◆◆ニチガクのおすすめ問題集◆◆

より充実した家庭学習を目指し、ニチガクではさまざまな問題集をとりそろえております!!

サクセスウォッチャーズ(全18巻)

①〜⑱
本体各¥2,200+税

全9分野を「基礎必修編」「実力アップ編」の2巻でカバーした、合計18冊。

各巻80問と豊富な問題数に加え、他の問題集では掲載していない詳しいアドバイスが、お子さまを指導する際に役立ちます。

各ページが、すぐに使えるミシン目付き。本番を意識したドリルワークが可能です。

ジュニアウォッチャー(既刊60巻)

①〜⑥0 (以下続刊)
本体各¥1,500+税

入試出題頻度の高い9分野を、さらに60の項目にまで細分化。基礎学習に最適のシリーズ。

苦手分野におけるつまずきを、効率よく克服するための60冊です。

ポイントが絞られているため、無駄なく高い効果を得られます。

国立・私立NEWウォッチャーズ

言語/理科/図形/記憶
常識/数量/推理
本体各¥2,000+税

シリーズ累計発行部数40万部以上を誇る大ベストセラー「ウォッチャーズシリーズ」の趣旨を引き継ぐ新シリーズ!!

実際に出題された過去問の「類題」を32問掲載。全問に「解答のポイント」付きだから家庭学習に最適です。「ミシン目」付き切り離し可能なプリント学習タイプ!

実践 ゆびさきトレーニング①・②・③

本体各¥2,500+税

制作問題に特化した一冊。有名校が実際に出題した類似問題を35問掲載。

様々な道具の扱い(はさみ・のり・セロハンテープの使い方)から、手先・指先の訓練(ちぎる・貼る・塗る・切る・結ぶ)、また、表現することの楽しさも経験できる問題集です。

お話の記憶・読み聞かせ

[お話の記憶問題集]
中級/上級編
本体各¥2,000+税
初級/過去類似編/ベスト30
本体各¥2,600+税

1話5分の読み聞かせお話集①・②、入試実践編①
本体各¥1,800+税

あらゆる学習に不可欠な、語彙力・集中力・記憶力・理解力・想像力を養うと言われているのが「お話の記憶」分野の問題。問題集は全問アドバイス付き。

分野別 苦手克服シリーズ(全6巻)

図形/数量/言語/
常識/記憶/推理
本体各¥2,000+税

数量・図形・言語・常識・記憶の6分野。アンケートに基づいて、多くのお子さまがつまづきやすい苦手問題を、それぞれ40問掲載しました。

全問アドバイス付きですので、ご家庭において、そのつまづきを解消するためのプロセスも理解できます。

運動テスト・ノンペーパーテスト問題集

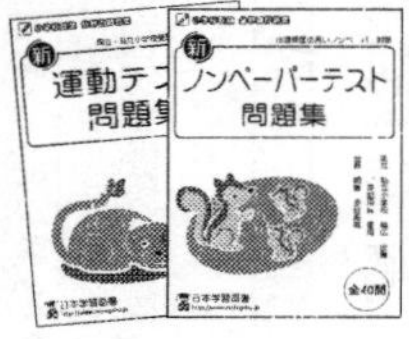

新 運動テスト問題集
本体¥2,200+税

新 ノンペーパーテスト問題集
本体¥2,600+税

ノンペーパーテストは国立・私立小学校で幅広く出題される、筆記用具を使用しない分野の問題を全40問掲載。

運動テスト問題集は運動分野に特化した問題集です。指示の理解や、ルールを守る訓練など、ポイントを押さえた学習に最適。全35問掲載。

口頭試問・面接テスト問題集

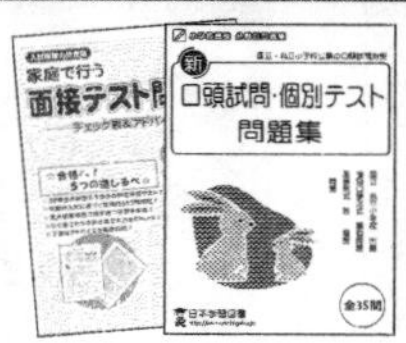

新 口頭試問・個別テスト問題集
本体¥2,500+税

面接テスト問題集
本体¥2,000+税

口頭試問は、主に個別テストとして口頭で出題解答を行うテスト形式。面接は、主に「考え」やふだんの「あり方」をたずねられるものです。

口頭で答える点は同じですが、内容は大きく異なります。想定する質問内容や答え方の幅を広げるために、どちらも手にとっていただきたい問題集です。

小学校受験 厳選難問集 ①・②

本体各¥2,600+税

実際に出題された入試問題の中から、難易度の高い問題をピックアップし、アレンジした問題集。応用問題への挑戦は、基礎の理解度を測るだけでなく、お子さまの達成感・知的好奇心を触発します。

①は数量・図形・推理・言語、②は位置・常識・比較・記憶分野の難問を掲載。それぞれ40問。

国立小学校 対策問題集

国立小学校入試問題A・B・C
(全3巻) 本体各¥3,282+税

新 国立小学校直前集中講座
本体¥3,000+税

国立小学校頻出の問題を厳選。細かな指導方法やアドバイスが掲載してあり、効率的な学習が進められます。「総集編」は難易度別にA〜Cの3冊。付録のレーダーチャートにより得意・不得意を認識でき、国立小学校受験対策に最適です。入試直前の対策には「新 直前集中講座」!

おうちでチャレンジ ①・②

本体各¥1,800+税

関西最大級の模擬試験である小学校受験標準テストのペーパー問題を編集した実力養成に最適な問題集。延べ受験者数10,000人以上のデータを分析しお子さまの習熟度・到達度を一目で判別。

保護者必読の特別アドバイス収録!

Q&Aシリーズ

『小学校受験で知っておくべき125のこと』
『小学校受験に関する保護者の悩みQ&A』
『新 小学校受験の入試面接Q&A』
『新 小学校受験 願書・アンケート文例集500』
本体各¥2,600+税
『小学校受験のための
願書の書き方から面接まで』
本体¥2,500+税

「知りたい!」「聞きたい!」「こんな時どうすれば…?」そんな疑問や悩みにお答えする、オススメの人気シリーズです。

書籍についてのご注文・お問い合わせ
☎ 03-5261-8951

http://www.nichigaku.jp
※ご注文方法、書籍についての詳細は、Webサイトをご覧ください。

日本学習図書 検索